Barbier

R 2239. porté
B.

11856-7

LE MONDE,

SON ORIGINE,

ET SON ANTIQUITÉ.

PREMIERE PARTIE.

par M. Mirabeau secretaire perpétuel de l'Academie Françoi[se]

A LONDRES.

M. DCC. LI.

LA KI

SON ORIGINE,

ET SON ANTIQUITÉ.

SECONDE PARTIE.

Eheu! quam miserum est fieri metuendo senem!
Publ. Syrus.

A LONDRES.

M. DC. LI.

PREFACE.

IGNORER ce qui s'est passé avant nous, disoit un Ancien (a), c'est être toujours enfant: j'ajoute, qu'ignorer ce que nos Peres ont pensé avant nous, c'est mériter à peine le nom d'homme.

L'Histoire des égaremens de l'Esprit humain est par cet endroit une des études les plus capables, non-seulement de piquer notre curiosité, mais même de satisfaire l'application de toute personne sage, revenue de ces agréables préjugés qui flattent le vulgaire, en faisant de l'homme une espece de Divinité. On n'y voit point, à la verité, comme dans l'Histoire politique des Nations, la magnificence des grands Rois, les ruses & la souplesse des Courtisans intéressés, l'adresse des Ministres habiles, l'ambition des Conquérans, l'inconstance des Peuples toujours crédules & inquiets, se signaler tour-à-tour par des monumens

_____

(a) Nescire quid anteà, quàm natus sis, acciderit, id est semper esse puerum. Cic. Orat. N°. 120.

éternels, par des fêtes & des jeux, des négociations & des intrigues, des siéges & des batailles, des mouvemens & des révolutions qui causent la ruine ou l'élévation des Empires. Mais ce qui n'est ni moins intéressant pour nous, ni moins digne de nos réflexions, on y reconnoît les ténèbres de cette partie de nous-mêmes, que nous nous imaginons si éclairée; les égaremens de cette raison, qui nous paroit être un guide si sûr & si fidele; les bornes étroites de ce génie, que nous croyons capable d'embrasser la vaste étendue de l'Univers; la foiblesse de ses connoissances, la multitude de ses erreurs, & le peu d'utilité que les hommes tirent tous les jours de ses lumieres. Par là on apprend à se connoître soi-même; & au lieu d'être tenté de se regarder comme un petit Dieu sur la terre, on commence à rentrer dans son néant, & à se convaincre qu'il n'y a de grand, c'est-à-dire, de sage, de sçavant, d'éclairé & de vraiment raisonnable, que l'Intelligence suprême qui nous a formés & qui nous gouverne.

D'autres avant l'Auteur que nous

PRÉFACE.

donnons ici, ont entrepris de traiter cette matiere; & quelques-uns l'ont fait avec succès (a). Pour lui, semblable à ces Ecrivains timides ou réservés, qui sans se charger du poids embarassant d'une Histoire générale, se contentent de choisir dans un champ si fertile certains traits singuliers qu'ils s'appliquent à mettre dans tout leur jour, il a cru dans l'exécution de son dessein devoir se borner à un petit nombre de sujets; & il en a choisi deux qui lui ont paru le plus généralement intéressans, & le plus à notre portée. Dans ce dessein il entreprend ici de faire l'Histoire des opinions diverses, que la suite des siècles a enfantées sur le Monde & sur la nature de l'Ame.

Rien de plus curieux en effet & de plus utile, que de connoître ce Monde que nous habitons; rien en même tems de plus né-

---

(a) Sans parler de nos Modernes, dont plusieurs pourroient être cités ici avec éloge, parmi les Anciens, Lactance a admirablement exécuté ce projet dans ses *Institutions divines*, où il prend à tâche de faire voir les erreurs de tous les Philosophes anciens, tant sur la Physique que sur la Morale.

cessaire & de plus intéressant pour nous, que de sçavoir si ayant commencé d'être, nous ne devons jamais finir. Mais peut-on se flatter que la raison humaine, aidée de ses seules lumieres, puisse jamais arriver à ces connoissances ? Nous ne sçaurions nous en instruire, que par la recherche de ce que l'on a pensé avant nous sur l'un & sur l'autre de ces articles, & c'est ce que l'Auteur se propose d'examiner dans les deux parties de cet Ouvrage. Il explique dans la premiere, quels ont été les sentimens des Anciens sur l'origine, la formation & l'antiquité de cet Univers, sur la cause qui en a été le principe, sur son commencement & sur sa fin ; il nous apprend dans la seconde ce que ces mêmes Anciens ont pensé de la nature de notre Ame, de son immortalité, & de son état après la mort. Cette exposition du dessein de l'Auteur suffit pour faire connoître, qu'on ne doit point s'attendre à trouver dans ces deux Traités des systèmes suivis & raisonnés, fondés sur des principes certains, des preuves convainquantes & des conséquences

PREFACE.

nécessaires. Il y traite, à la verité, sa matiere avec une érudition peu commune ; il y fait passer en revûe sous nos yeux tout ce que l'Antiquité a jamais écrit sur les deux objets qu'il s'est proposé d'éclaircir ; du reste on s'apperçoit sans peine, qu'il a pris à tâche d'épargner aux Lecteurs jusqu'aux réflexions qui ne naissoient pas naturellement de son sujet : il oublie, du moins rarement, sa qualité d'Historien, pour jouer le personnage de Théologien ou de Philosophe.

Il est vrai que dans le premier Traité l'Auteur donne à entendre assez clairement que, selon lui, le Monde est beaucoup plus ancien, que nos Chronologistes ne le prétendent. Il semble même vouloir insinuer qu'il est éternel ; & on est obligé de convenir, qu'on trouve dans cet Ouvrage plusieurs difficultés, qui ne paroissent y avoir été répandues qu'à dessein d'étayer ce faux système. On croit avoir répondu à ces difficultés d'une maniere assez solide dans la Note qui termine ce premier Traité : on ose se flatter, qu'il n'y a point de personne sage, qui en

PRÉFACE.

la lisant, ne demeure convaincue du peu de fondement de cette opinion insensée. D'ailleurs nous ne manquons point d'excellentes plumes, qui en ont suffisamment démontré l'absurdité. Cependant parce que ce système de l'éternité du monde a encore aujourd'hui beaucoup de partisans parmi nous, & que de la lecture de tout ce premier Traité il semble résulter, que le Monde est au moins beaucoup plus ancien, que Moïse ne paroit l'indiquer dans la Genèse, on a crû devoir examiner en particulier ce qui regarde ces deux articles. C'est ce qui a produit l'Essai sur la Chronologie qui se trouve à la suite de la seconde partie de cet Ouvrage. On y traite d'abord la question de l'éternité du Monde : delà on passe à celle de son antiquité ; & si l'on ne peut parvenir à la fixer, on croit que ce que l'on en a dit pourra servir du moins à instruire les Lecteurs du peu de fond qu'ils doivent faire sur les calculs des Chronologistes, & à les convaincre de la foiblesse de leurs efforts, ainsi que de l'inutilité de leurs recherches.

PREFACE.

A l'égard de la question de l'immortalité de l'Ame, qui fait le sujet du second Traité, c'est envain que pour soutenir leur erreur, ceux qui nient cette immortalité prétendroient s'appuyer de ce que l'Auteur en dit dans cette seconde Partie. Que les Anciens n'ayent eu, si l'on veut, aucune idée de la spiritualité de cette substance qui nous anime; que parmi eux quelques-uns ayent douté de son immortalité; que d'autres l'ayent niée absolument, ou s'en soient mocqués : qu'en peut-on conclure, sinon que les Anciens, comme les Modernes, ont mal raisonné, & se sont trompés? Y a-t-il en cela quelque chose de fort surprenant? Ils étoient hommes comme nous; & par dessus cela, livrés à eux-mêmes & à leurs passions, ils avoient le malheur de n'être point éclairés des lumieres divines de la révélation qui nous guident. Doit-on être étonné, que dans cet état ils ayent donné dans les erreurs & dans les travers les plus étrangers? Les Anciens ont nié la spiritualité & l'immortalité de l'Ame; je le veux, quoique cela ne soit pas exactement vrai, comme on le verra par

PREFACE

la lecture de l'Ouvrage. Mais ces mêmes Anciens n'ont-ils pas eu les opinions les plus ridicules au sujet du Monde & de son Auteur ? N'ont-ils pas eu de la divinité les idées les plus folles, les plus basses & les plus puériles (a) ? En les lisant, n'est-on pas obligé de convenir de la vérité de ce que disoit un d'entr'eux au sujet des Philosophes qui l'avoient précédé, qu'il n'y a point d'extravagance, point d'absurdité, qu'ils n'ayent été capables d'imaginer & d'écrire (b) ?

On dira peut-être, qu'il ne s'agit pas seulement ici de ce que les Anciens ont pensé sur ce sujet ; que l'Auteur ne se borne pas dans ce Traité à rapporter simplement ce qu'ils ont pensé à cet égard ; & que sous prétexte d'exposer leurs sentimens, il s'attache à détruire les plus fortes preuves, que les Philosophes Chrétiens ayent apportées de l'immortalité & de la spiritualité de l'Ame : J'en conviens ; & à Dieu ne

---

(*a*) Voyez Cicéron, dans ses Livres de la Nature des Dieux.

(*b*) *Nihil tam absurdè dici potest, quod non dicatur ab aliquo Philosophorum.* Cic. de divinat. lib. 2.

PREFACE ix

plaise que je veuille me faire ici l'apologiste de ses intentions & de ses idées! Du reste, s'il a bien ou mal réussi, je laisse aux Lecteurs le soin d'en décider. Je les prie seulement d'observer, que Descartes convient (a) lui-même, qu'à ne consulter que la raison, nous pouvons bien avoir de grandes esperances de notre immortalité, mais non pas aucune assurance. Delà je conclus, que tant qu'au lieu d'une Religion toute divine, on voudra nous faire une religion toute raisonnable, c'est-à-dire purement humaine; tant qu'à la révélation qui ne peut faillir, les hommes entreprendront de substituer les lumieres d'une raison foible & trompeuse; il doit être toujours permis de les attaquer avec les mêmes armes. Si l'on est vaincu, à la bonne heure; si au contraire dans ce

---

(a) „ Pour ce qui est de l'état de l'ame après cet-
„ te vie, j'en ai bien moins de connoissance que M.
„ Digby: car laissant à part ce que la Foi nous
„ enseigne, je confesse que par la seule raison na-
„ turelle nous pouvons bien faire beaucoup de con-
„ jectures à notre avantage, & avoir de flatteuses
„ esperances, mais non point aucune assurance,
Descartes, Lettre à la Princesse Elizabeth.

PREFACE.

combat on vient à réussir, le succès même ne doit servir qu'à nous rendre la Religion plus aimable & plus respectable, puisqu'elle seule peut nous assurer cette immortalité si flatteuse à laquelle nous aspirons, pour laquelle un sentiment intérieur semble nous dire que nous sommes nés, dont sans elle nous n'aurions aucune certitude.

DU MONDE,
DE SON ORIGINE,
ET
DE SON ANTIQUITÉ.

L'Homme Citoyen de l'Univers habite un lieu qu'il ne connoît point. C'est en vain que s'élevant au-dessus de la Terre qui l'a produit, il parcourt l'immensité des Cieux, pour mieux observer la structure du monde ; en vain se bornant à un objet moins vaste, il tâche de découvrir ce qui se passe sous ses yeux ; les conjectures vraisemblables qu'il forme, peuvent quelquefois paroître à son foible esprit des vérités certaines & constantes qui flattent son impuissante curiosité ; la nature peut dans certains momens lui laisser croire qu'il a pénetré dans ses mysteres, & qu'il a découvert quelques-uns de ses secrets ressorts : elle est cependant couverte & enveloppée pour nous d'épaisses ténebres. Il n'y a pas d'esprit humain, quelque pénétrant qu'on le suppose, qui puisse découvrir la cause de tout ce qui se passe dans les Cieux & sur la Terre : nous ne connoissons pas même nos propres corps, ni la moindre des choses qui les environnent (a).

Après un tel aveu de l'ignorance humaine, il est aisé de comprendre que nous n'avons d'autre dessein dans cet Ouvrage, que de rapporter d'une maniere

---

(a) *Latent ista omnia crassis occultata & circumfusa tenebris; ut nulla acies humani ingenii tanta sit, quæ penetrare in cœlum, terram intrare possit. Corpora nostra non novimus ; quæ sint situs partium, quam vim quæque habeat ignoramus.* Cicero, Acad. Quæst. Lib. 4.

purement historique ce qu'on a pensé avant nous sur la formation du Monde & sur l'origine des Hommes. Il ne nous appartient point de décider sur des questions si obscures & si impénétrables : nous laissons la nature dans les ténebres où il lui a plû de s'envelopper ; & nous disons de tout ce qui regarde l'Univers en général ce que Lucain a dit en particulier du flux & du reflux de la Mer : » O toi, qui que tu sois, qui causes ces » mouvemens si fréquens & si merveil- » leux, demeure dans l'obscurité où les » Dieux t'ont caché « (a).

Voici l'ordre que nous nous sommes proposés d'observer dans ce Traité. Nous exposerons d'abord l'idée que les Anciens se sont formée du système général

---

(a) Tu, quæcumque moves tam crebros Causa meatus,
Ut Superi voluere, late . . . . Lucan. Bel. Civ. Lib. 1.

A ij

du Monde. Nous rapporterons enfuite leurs opinions fur fon origine, & fur la fin qu'il doit avoir. De-là nous pafferons à ce qui regarde la Terre en particulier : nous ferons voir ce que les Anciens en ont penfé; nous donnerons une idée de leur Géographie, & nous parlerons des révolutions aufquelles ils ont crû la Terre fujette. Nous dirons auffi en paffant quels ont été leurs fentimens fur la nature de l'Ame humaine; & nous verrons enfin ce qu'ils ont crû fur l'origine des hommes & des animaux qui habitent la Terre.

CHAPITRE I.

Idée que les Anciens fe font formée du Syftême général du Monde.

LEs hommes ont joui long-tems de la lumiere du Soleil, fans faire aucuns raifonnemens fur la nature de cet Aftre qui les éclairoit. Ils ont vû pendant une affez longue suite d'années les Etoiles se lever & se coucher au-dessus de leurs têtes, sans être touchés du désir de les observer. Soit qu'on les suppose nouvellement formés avec la terre qui les nourrissoit, soit qu'on les considere comme réduits à un petit nombre par la destruction de leurs semblables, dans ces premiers tems, où selon l'expression de Cicéron (*a*), ils erroient dans les campagnes, & vivoient à la maniere des bêtes, occupés des besoins pressans de la vie, ils ne songeoient sans doute qu'à la conserver. Sans se soucier de connoître l'étenduë de la Terre, ils ne s'intéressoient qu'au seul canton qui

---

(*a*) *Quis enim vestrûm ignorat, ita naturam rerum tulisse, ut quodam tempore homines sisi per agros ac disperfi vagarentur?* Cic. *pro Sext.*
Cette pensée semble tirée de ces vers d'un ancien Poëte cité par Stobée, Tit. 11. περὶ χρόνου:

> Fuit profectò tempus, humanum genus
> Cùm belluarum more vitam degeret,
> Lucos carentes solis, excsi colens
> Aut montis antrum.

fournissoit le nécessaire à leur subsistance, & se mettoient peu en peine du cours des Astres. Ils ne levoient les yeux au Ciel, que pour en recevoir la chaleur & la rosée ; la nécessité seule attiroit toute leur attention & tous leurs soins : ou si elle leur donnoit quelque relâche, ils employoient vrai-semblablement leur loisir à se procurer des plaisirs plus sensibles, que ceux d'une connoissance stérile de la figure de la Terre, & du mouvement des Cieux.

Il n'est pas aisé de fixer précisément le tems auquel les hommes ont commencé de s'appliquer aux sciences, qui regardent la structure de l'Univers. Mais quand on fait attention, d'un côté aux bornes de l'esprit humain, & sur-tout à la simplicité de ces premiers habitans de la Terre, qui, selon l'expression d'un ancien Poëte (a), étoient dans la crainte

(a) Theognis.

que le Ciel ne tombât fur eux, de l'autre, au progrès que les Egyptiens & les Chaldéens avoient déjà fait dans l'Astronomie il y a plus de quatre mille ans, on est aisément convaincu, que les connoissances qu'ils avoient acquises ne pouvoient être que le fruit d'une observation assiduë & réitérée de bien des siecles.

Les Egyptiens sont les premiers peuples policés de cette partie du globe de la Terre, dont nos Histoires fassent mention. Comme ils habitoient un pays découvert, sous un Ciel toujours pur & serein, & qu'ils jouissoient des avantages que donne la societé, c'est-à-dire, d'un profond loisir, ils s'adonnerent de bonne heure à l'observation des Astres (*a*). Les Chaldéens s'y appliquerent aussi par

---

(*a*) *Ut enim Ægiptii in camporum patentium æquoribus habitantes, cùm ex terrâ nihil emineret, quod contemplationi cœli officere posset, omnem curam in syderum cognitione posuerunt*, &c. Cic. de Divin. Lib. 1.

la même raison. Diodore de Sicile attribue aux Astronomes d'Egypte une connoissance plus étendue. Il assure (*a*) que non-seulement ils sçavoient prédire les éclypses, mais même qu'ils annonçoient les déluges & les tremblemens de terre, ainsi que les apparitions des Cometes. Ce sont les Egyptiens qui ont le mieux connu la longueur de l'année, qui chez eux fut toujours de douze mois (*b*), tandis que les autres peuples ne la composoient, les uns que de trois mois, comme les Arcadiens, les autres que de six, comme les Acarnaniens, d'autres de dix, comme les Romains : Numa y ajoûta Janvier & Février ; mais l'année ne fut jamais bien réglée chez eux avant Auguste (*c*). D'au-

(a) *Accuratè verò & ab Ægyptiis traduntur ordo & astrorum motus, eorumque descriptio.... Sterilitatem prætereà, fructuum ubertatem.... terræ motuum atque inundationum tempora, cometarumque ortus prædicebant.* Diodor. Lib. 2.
(b) Hérodote, Liv. 2.
(c) *Ante Augustum Cæsarem incerto modo annum computabant,* (Romani,) *qui apud Arca-*

tres la compterent par jours, & la composerent de 354 seulement, comme les Athéniens & les autres Grecs, qui eurent des imitateurs. Ce sont les Egyptiens qui ont donné aux signes du Zodiaque, & aux autres Constellations, les noms qu'ils portent encore de nos jours (*a*). Ils ont fixé le nombre des jours de la semaine, ausquels ils ont donné les noms des sept Planettes; & l'ordre qu'ils ont observé dans le rang que gardent ces jours, mérite d'être rapporté. Cet ordre vient, de ce que nommant la premiere heure d'un jour du nom de Saturne, la seconde du nom de Jupiter, la troisiéme de Mars, la quatriéme du Soleil, la cinquiéme de Venus, la sixiéme de Mercure, & la septiéme de la Lune, qui est l'ordre apparent des Planettes, & continuant ainsi pendant les vingt-quatre heu-

das tribus mensibus terminabatur, apud Acarnanas sex. Solin. cap. 1. V. Macrob. *Saturnal.* Lib. 1. Cap. 12.

(*a*) Hérodote, *Liv.* 4.

res, il arrivera que la premiere heure du jour suivant sera celle du Soleil, la premiere du jour d'après sera celle de la Lune, ensuite celle de Mars, & ainsi des autres, suivant l'arrangement que les jours de la semaine gardent entr'eux.

Les Chaldéens ne prétendoient point le céder aux Egyptiens dans la connoissance de l'Astronomie. L'extraordinaire & fabuleuse antiquité qu'ils donnoient à leurs observations, fait voir qu'ils se croyoient les plus anciens Astronomes de la terre. Ils assuroient que lorsqu'Alexandre passa en Asie, il y avoit déjà, selon Cicéron, quatre cens soixante & dix mille, & quatre cens trois mille ans, selon Diodore, qu'ils observoient les Astres (*a*). Simplicius nous apprend, que

_____

(a) *Contemnamus etiam Babylonios, & eos qui ex Caucaso cœli signa servantes, numeris & motibus stellarum cursus persequuntur : condemnemus, inquam, hos, aut stultitiæ, aut vanitatis, aut inprudentiæ, qui 470000 annorum, ut ipsi dicunt, monumentis comprehensa continent.* Cic. de Divin. lib. I.

le Philosophe Callifthene qui accompagnoit ce Prince, envoya à Ariftote des obfervations juftes & exactes au-deſſus de dix-neuf cens trois ans, ce qui remonte à quelques années près du Déluge, & plus haut que la Tour de Babel. Cependant un Auteur célebre n'a pas laiſſé d'attribuer aux Chaldéens une erreur ſi groſſiere, qu'on a peine à en croire capables des hommes adonnés à l'Aſtronomie depuis tant de ſiecles. Ils croyent, dit-il (*a*), que la Lune eſt lumineuſe par elle-

Numerum annorum, quibus se hujusmodi aſtrorum doctrinæ vacaſſe affirmant, haud facilè quis crediderit. Nam 403000 annorum annumerant uſque ad Alexandri aſcenſum, ex quo aſtrorum obſervationes à ſe cœptas dicunt. Diodor. lib. 3.

(a) *Sive illa (Luna) proprio, ſeu perpeti candore (luceat,) ut Chaldæi arbitrantur.* Apul. de Deo Socrat.

Lucrece qui a ſi bien écrit ſur la nature des choſes, n'a pas oſé lui-même condamner l'opinion de ceux qui font la Lune lumineuſe par elle-même ; & ſans décider ſur le mérite des deux ſentimens, il rapporte l'un & l'autre dans ces vers de ſon cinquiéme Livre :

même, & qu'elle ne reçoit point sa lumiere du Soleil. Nous dirons en passant, que les Juifs tenoient des Chaldéens le peu de connoissance qu'ils avoient de la science des Astres. C'est de-là qu'on trouve dans le premier Chapitre de la Genese la même opinion sur la lumiere de la Lune (*a*). Après tout il peut se faire qu'une erreur dont le faux est si aisé à appercevoir, ait été rejettée par les plus éclairés d'entre les Chaldéens, & qu'elle ait été seulement admise par ceux d'entr'eux, qui étoient les plus attachés aux anciens préjugés. Quoiqu'il en soit, les Grecs à qui, selon Hérodote (*b*), ces Peuples avoient enseigné l'Astronomie, ont beaucoup vanté leur capacité dans

Lunaque sive notho fertur loca lumine
lustrans,

Sive suam proprio jactat de corpore lucem.

(a) *Fecitque Deus duo Luminaria magna; luminare majus, ut præesset diei, & luminare minus, ut præesset nocti.* Gen. cap. 1. v. 16.

(b) Livre 2.

cette science ; & les plus habiles d'entr'eux alloient ordinairement à Babylone aussi-bien qu'en Egypte, pour s'y perfectionner.

L'attachement que les Chaldéens avoient pour l'Astronomie, les fit tomber dans la suite dans des opinions extravagantes. De l'observation du Ciel, ils passerent à un respect superstitieux pour les Astres. Ils prirent ces corps lumineux qui sont si éloignés de la terre que nous habitons, pour la cause de tout ce qui arrive ici-bas. Ils regarderent le Ciel comme le Livre du Destin, dans lequel sont écrits tous les événemens : en un mot ils inventerent l'Astrologie judiciaire (*a*), science dont les principes sont ridicules, & dont les hommes raisonnables ont de tout temps reconnu la vanité. Il n'est pas de mon su-

―――――――――――――――――

(a) *Chaldæi . . . . diuturnâ observatione syderum scientiam putantur effecisse, ut prædici posset quid cuique eventurum, & quo quisque fato natus esset.* Cic. de Divin. lib. 1.

jet d'entrer dans le détail de ces chimeres Chaldaïques ; mais je ne dois pas manquer de faire obferver, que le nombre de fept fi recommandable dans l'Antiquité, ce nombre que les Juifs ont confacré dans l'Hiftoire de la Création du Monde, ainfi que dans leur Religion, eft abfolument redevable du refpect qu'on a eû pour lui, à cette fuperftition des Chaldéens ; qu'il fe trouve plufieurs fois dans les Cieux, comme parmi les Pleyades, les Trions, & fur-tout parmi les Planettes, ce qui le leur a toujours fait regarder comme un nombre myftérieux, qui contenoit quelque chofe de Divin.

Il paroît que l'Aftronomie fut connue de bonne heure dans les pays voifins de l'Egypte, tels que la Phénicie & la Libye. Les Phéniciens qui ont été les premiers à s'expofer à la merci des flots (*a*), n'avoient point d'autre fecours pour

(a) *Ipfa gens Phænicum in magná gloriá litterarum inventionis, & fyderum, navaliumque*

se guider dans leurs navigations, que celui qu'ils tiroient de la connoissance des Astres, dont la position servoit de boussole à leurs Pilotes. Atlas, Roi de Libye, a toujours passé pour un grand Astronome, parce qu'il inventa la Sphere (a), & par-là donna lieu à la fable, qui le représentoit portant le Ciel sur ses épaules. Il instruisit Hercule son hôte, lui découvrit l'usage de cette Sphere qu'il avoit imaginée, lui apprit à en composer une semblable, & par-là fit encore dire, qu'il avoit partagé avec ce Héros le poids

ac bellicarum artium. Plin. lib. 5. cap. 13. & Propert. Eleg. lib. 2.

Quæritis & cœlo Phœnicum inventa sereno,
Quæ sit stella homini commoda, quæque mala.

(a) Pline semble être ici d'un autre sentiment, lorsqu'il attribue l'invention de l'Astronomie à Atlas, & celle de la Sphere à Anaximandre. *Astrologiam Atlas (invenit,) Sphæram in eâ Milesius Anaximander.* lib. 7. cap. 57. mais cela est aisé à concilier, si l'on fait attention, qu'on a souvent attribué l'invention des Arts à ceux qui les avoient seulement perfectionnés.

d'un fardeau, dont jufqu'alors lui feul avoit été chargé. De retour dans fa patrie, Hercule communiqua aux Grecs les fciences qu'il avoit acquifes chez Atlas : ainfi ce fut de lui, que ces Peuples tinrent les premieres notions qu'ils eurent de l'Aftronomie, long-temps peut-être avant qu'ils euffent eû aucun commerce avec les Chaldéens.

Hérodote, Diodore & les autres Hiftoriens qui fe font le plus étendus fur l'habileté des Egyptiens & des Chaldéens dans l'Aftronomie, ne leur attribuent d'ailleurs aucune opinion plus particuliere fur cette fcience, que ce que nous en avons vû : ainfi il eft très-vrai-femblable, que ces premiers Obfervateurs des Aftres étoient fur le Monde dans le fyftême le plus général. On peut donc croire qu'ils s'étoient formé de l'Univers cette premiere & naturelle idée, qui fe préfente d'abord à l'efprit, lorfqu'on veut
juger

juger de sa structure par les yeux seuls, sans appeller la raison au secours des sens. On se figuroit alors le Monde comme un vaste Globe, au-delà duquel on imaginoit un vuide ou un espace infini. La Terre immobile en occupoit le centre : les Planetes au nombre desquelles on mettoit le Soleil, tournoient autour d'elle chacune dans son Ciel particulier ; le Firmament qu'on regardoit comme une espece de calotte solide, où les Etoiles fixes étoient attachées comme des cloux, enveloppoit toute la machine, & faisoit lui-même son tour avec une rapidité inconcevable. C'étoit-là sans doute le sentiment des Egyptiens & des Chaldéens. Cette conjecture est d'autant mieux fondée, que le célebre Eudoxe qui avoit demeuré long-tems en Egypte, & Ptolomée qui étoit d'Alexandrie, n'en ont point soutenu d'autre. Ce dernier ajoûta seulement au système général, en imaginant son premier Mobile & son Ciel cristallin, lesquels étoient censés imprimer aux autres les mouvements contraires qu'ils paroissent avoir, l'un d'Orient en Occident, l'autre d'Occident en Orient. Aussi lorsque les Philosophes Grecs s'aviserent de raisonner différemment sur cette matiere, on regarda leurs opinions comme des nouveautés. Mais il est à propos d'examiner un peu plus au long leurs sentimens sur ce sujet.

Les Egyptiens & les autres Peuples qui s'adonnerent à l'Astronomie, avant que les Grecs fussent instruits dans cette science, avoient observé les Astres d'une maniere servile & méchanique; je veux dire, qu'ils s'étoient uniquement appliqués à connoître leur position & leur cours dans le Ciel, sans raisonner sur ces corps lumineux, encore moins sur la nature du Monde en général. Les Grecs plus Philosophes qu'Astronomes joignant le rai-

formément aux obfervations, & jugeant par ce qu'ils voyoient des chofes qui n'étoient point à la portée de leur vûe, oferent les premiers penfer d'une maniere nouvelle & fublime tout enfemble fur la nature des Aftres, & fur la ftructure de cet Univers. Il eft vrai qu'ils ne convinrent point dans leurs fyftêmes ; chacun donnant l'effort à fon imagination, fe crut en droit d'en établir un différent des autres : cependant ils s'accordoient prefque tous à rejetter cette maniere baffe & peu vrai-femblable, dont on avoit penfé avant eux fur le Monde. Tel eft l'avantage de l'efprit Philofophique : s'il ne conduit pas toujours à la vérité qu'on cherche, il défabufe au moins des anciennes erreurs.

Je ne doute point que grand nombre des Anciens n'ayent été long-tems dans la fauffe opinion, qu'Apulée attribue aux Chaldéens, fçavoir, que la Lune & les

B ij

autres Planetes sont lumineuses par elles-mêmes. Les Grecs ont été désabusés de cette erreur aussi-tôt qu'ils ont eû des Philosophes. Platon assuroit, que la Lune étoit un corps pierreux (*a*) ; & Pythagore avec ses Disciples disoit qu'elle étoit terrestre (*b*). Or ce sont là deux des plus anciens Philosophes qu'ayent eû les Grecs. Chacun sçait l'action de Périclès (*c*), qui se trouvant sur le point de s'embarquer pour une expédition, & voyant son Pilote effrayé d'une Eclypse de Soleil qui étoit survenuë, étendit son manteau devant les yeux de cet homme timide, en lui disant : ,, Ce que je fais ,, n'est différent de l'Eclypse, qu'en ce ,, que le corps qui te cache le Soleil, est

(*a*) Πλάτων ἐκ πλείογος τῦ πυρώδϗς. *Plut. de Placit. Phil. lib. 2. cap. 25.*

(*b*) Οἱ Πυθαγόρειοι γεωδη φαίνεται τὴν σελήνην. *Idem ibid. lib. 2. cap. 30.*

(*c*) *Idem, in vitâ Pericl.*

» plus grand que mon manteau. « Il est inutile de rapporter cent autres faits à peu près semblables, qu'on lit dans les Historiens : il suffit de dire, qu'il ne restoit plus que le peuple parmi les Grecs, qui fût dans cette erreur grossiere, de croire la Lune lumineuse par elle-même.

Une des choses qui révolte le plus la raison dans l'ancien système, qu'on peut à juste titre nommer le système des sens, c'est d'avoir placé la Terre au centre du Monde, & d'avoir fait tourner autour de ce petit corps, non-seulement les autres Planetes, dont plusieurs sont beaucoup plus grandes, mais même le Soleil & toutes les Etoiles fixes, dont la grandeur prodigieuse ne peut aucunement entrer en comparaison avec celle de la Terre. Thalès avoit aisément reconnu, que la Lune n'étoit point lumineuse par elle-même (*a*) : Anaximandre son Disciple

(à) Θαλῆς κ̀ οἱ ἀπ' αὐτῦ ἀπὸ τῦ ἡλίυ φω-

alla plus loin ; il conclut que la Terre recevant sa lumiere du Soleil ainsi que les autres Planetes, tourne probablement comme elles autour de ce centre de notre tourbillon (*a*).

On ne sçait pas trop ce que Pythagore a pensé sur le mouvement de la Terre (*b*); mais au moins est-il sûr que les Pythagoriciens restituerent au Soleil la place qui lui étoit naturellement dûe (*c*) aussi-bien qu'aux autres Planetes, entre lesquelles il s'en faut beaucoup que

τίζεθαι τὴν σελύνην. *Plut. de Placit. Philos. lib.* 2. *cap.* 28.

(*a*) C'est Theon de Smyrne qui fait honneur de cette invention à Anaximandre; mais Diogene Laërce l'attribue à Philolaus, Disciple de Pythagore.

(*b*) Si nous en croyons Diogene Laërce, *In vitâ Pythag.* il plaçoit la Terre au centre du Monde.

(*c*) Φιλόλαος ὁ Πυθαγόρειος τὸ μὲν πῦρ μέσον· τοῦτο γὰρ εἶναι τοῦ παντὸς ἑστίαν. *Plut. de Placit. Phil. lib.* 3 *cap.* 11. & chap. 13. il ajoûte: Φιλόλαος ὁ Πυθαγόρειος κύκλῳ περιφέρεσθαι περὶ τὸ πῦρ (τὴν γῆν.)

la Terre occupe le premier rang à tourner autour de cet Astre. Enfin quelques Philosophes ont été si indignés de l'injuste distinction qu'on avoit été pour la Terre, qu'ils sont tombés dans une autre extrémité également vicieuse. Nicetas de Syracuse prétendit, que non-seulement le Soleil étoit immobile, mais même toutes les Planetes, & que dans le systême du Monde il n'y avoit rien qui tournât, que la Terre seule (*a*).

Les réflexions assidûes produisent infailliblement de nouvelles découvertes. Après avoir reconnu que la Terre est une Planete absolument semblable aux autres, & qu'elle tourne comme elles autour du Soleil, une conséquence toute naturelle de ce principe est que les autres Planetes, qui ne paroissent en rien

(*a*) *Nicetas Syracusius cœlum, solem, lunam, stellas, supera denique omnia stare censet, neque præter terram rem ullam in mundo moveri.* Cic. Acad. Quæst. lib. 4.

différentes de la Terre, & qui ont vraisemblablement comme elle des montagnes, des plaines & des mers, peuvent sans peine être habitées comme elle. Xénophanes ne s'en tint pas à la simple possibilité : il assura positivement que la Lune étoit une terre habitée (*a*). Anaxagore soutint la même chose (*b*). Lucien attribue ce sentiment à plusieurs Philosophes (*c*); & il paroît dans Platon, que de son tems il étoit assez commun. Si les Vers que Proclus rapporte comme d'Orphée, étoient véritablement de ce Poëte, il faudroit en conclure que cette opinion auroit une très-grande antiquité : car on y lit que la Lune contient des Montagnes, des Villes & des Châteaux.

(*a*) *Habitari ait Xenophanes in lunâ, eamque esse terram multarum urbium & montium.* Cic. Acad. Quæst. lib. 4.

(*b*) *Dicebat (Anaxagoras) lunam habitacula in se habere, & colles, & valles.* Diogen. Laërt. in Anaxag.

(*c*) Lucian. *veræ Histor.* lib. 1.

Mais les Philosophes non-seulement se sont expliqués sur la nature des Planetes; ils nous ont encore appris ce qu'ils pensoient du Soleil & des Etoiles. Les Pythagoriciens regardoient le Soleil comme un feu placé au centre du Monde (*a*). Anaxagore en avoit une idée toute semblable. Ce même Anaxagore, ainsi qu'Anaximenes, assuroit que toutes les Etoiles étoient des portions d'air enflammé, qui avoient la figure d'un *Trochus* (*b*) : or un *Trochus* n'est autre chose qu'une machine qui tourne sur son propre centre, d'où l'on peut conclure qu'Anaxagore n'a pas été le seul à imaginer les tourbillons, qui ont rendu son nom si fameux dans l'Antiquité. Il en admettoit un dans la Terre, dont Socrate le raille

(*a*) V. page 22, Note (*c*)
(*b*) Ὁ τε Ἀναξίμανδρος σύς ἥματα ἄτ]α τῦ ἀέρος ἐφη, Τροχοειδῶς πεπιλημενα, πυρὸς ἔμπλεα εἶναι. Theodoret. Serm. 4. de Mat. & Mundo.

en mauvais Physicien. Non-seulement il en avoit introduit pour la Terre, mais encore pour tous les Astres. Voici dans quels termes Clement d'Alexandrie parle du système de ce Philosophe. » Il admet, » dit-il (*a*), certains tourbillons ridicu- » les, en faisant cesser le concours de » l'Intelligence qui a formé le monde ; » ce qui n'est pas, ajoûte-t'il, conserver » la dignité d'une cause différente. « Par-là il paroît qu'Anaxagore, ses tourbillons une fois supposés, reconnoissoit que le Monde devoit subsister par lui-même, sans que l'Intelligence qui l'avoit formé fût obligée de s'en mêler.

Il ne nous reste plus qu'à faire voir ce que les Philosophes ont pensé sur l'Univers en général. Les uns ont assuré, qu'il n'y avoit qu'un Monde composé de tout ce que nous voyons ; les autres ont crû qu'on pouvoit en admettre plusieurs.

(*a*) Clemens Alex. *Strom.* lib. 2. cap. 4.

Thalès, Pythagore, Anaxagore, Héraclite, Platon, Aristote, Zenon, sont les plus illustres de ceux qui ont dit que le monde étoit unique (*a*). C'est pour cette raison que leurs Disciples ont assuré, que le Monde étoit animé d'une seule ame, qu'ils appelloient l'ame universelle, dont les ames particulieres des animaux, de la Terre, des Planetes & des Etoiles n'étoient que des portions (*b*). Pour signifier l'accord & l'union de toutes les parties de l'Univers, d'où résulte cet ordre par lequel il subsiste, les Pythagoriciens s'exprimoient à leur ordinaire d'une maniere figurée. Ils disoient que le Soleil, les Planetes & tout ce qui roule dans les Cieux, rendoit un son harmonieux

(*a*) Voyez Diogene Laërce, & Theodoret, *ubi suprà.*

(*b*) Ciceron attribue ce sentiment à Pythagore même. *Nam Pythagoras, qui censuit animum esse per naturam rerum omnem intentum & commeantem, ex quo nostri animi caperentur.* De Nat. Deor. lib. 1.

(*a*) : c'eſt ce qu'ils appelloient la grande conſonance. C'eſt pourquoi quelques Théologiens prétendoient que les neuf Muſes n'étoient autre choſe que le ſon des huit Spheres du Monde, & l'harmonie que produit leur accord (*b*).

A l'égard de ceux qui ont admis la pluralité des Mondes, Diogêne Laërce nous apprend que Zénon Eléate étoit de ce ſentiment (*c*). Héraclite & quelques autres ont ſoutenu que chaque Etoile étoit un Monde particulier, contenant une terre & de l'air, c'eſt-à-dire, un

(*a*) *Niſi verò loqui ſolem cum lunâ putamus, cùm propiùs acceſſerit, aut ad harmoniam canere mundam, ut Pythagoras exiſtimat.* Idem, ibid. lib. 3.

(*b*) *Theologi quoque novem Muſas octo Sphærarum muſicos cantus, & unam maximam continentiam, quæ conſtat ex omnibus, eſſe voluere.... Muſas eſſe mundi cantum etiam ruſtici ſciunt, qui eas Comœnas, quaſi canenas, à canendo dixerunt.* Macrob. in Somn. Scip. lib. 1.

(*c*) *Placent illi hæc, mundos eſſe plures, &c.* Diog. Laërt. in Zen. El.

Monde habité (*a*). Plutarque qui nous l'apprend, attribue aussi cette opinion aux Pythagoriciens; & il assûre en même-tems qu'elle se trouve contenue dans les Ouvrages d'Orphée. Mais Anaximandre, Anaximenes, Leucippe, Xénophanes, Diogène, Archélaüs, Démocrite & Epicure ont été beaucoup plus loin. Ils ne se sont pas contentés de dire, que les Etoiles que nous découvrons pouvoient être autant de Mondes : ils ont reculé les bornes de l'Univers fort au-delà de celles que lui prescrit notre foible vûe. Ils les ont poussées à un terme, où notre imagination même ne parviendra jamais; en un mot ils ont prétendu, que l'Univers étoit sans bornes (*b*). Ces Philosophes raisonnant d'une maniere sublime &

___

(*a*) Plut. *de Placit. Phil. lib.* 2. *cap.* 13.

(*b*) V. *Cicer.* Acad. Quæst. lib. 4. *Diog. Laërt.* in Xenoph. Leucip. Democr. Diog. Apollon. & Epic. & *Theodoret.* Serm. 4. de Mat. & Mundo.

transcendante (*a*) ont soutenu qu'il y avoit une infinité de Mondes, & que dans ce nombre infini il s'en trouvoit sans cesse quelques-uns qui naissoient, tandis que d'autres périssoient, c'est-à-dire, qu'étant tous sujets à une continuelle vicissitude, la forme des uns se détruisoit chaque jour, & qu'il s'en produisoit aussi continuellement de nouveaux.

On peut juger par ce que nous venons de dire, du progrès étonnant que les Grecs avoient fait dans la connoissance de l'Univers, & combien ils s'étoient écartés de l'opinion de tous ceux qui les avoient précédés. Cependant on ne doit pas croire que ces Philosophes qui pensoient d'une maniere si différente de celle du vulgaire, ayent fait revenir grand

(*a*) Ce sont-là les titres pompeux que les Philosophes Atomistes donnent à leur Systême insensé. Pour en concevoir toute la folie, voyez l'*Anti-Lucrece* de feu M. le Cardinal de Polignac, & le *Spectacle de la Nature*. T. IV. part. 2. Entret. VIII.

nombre de leurs contemporains des fauſ-ſes idées qu'ils avoient conçûes, ni qu'ils les ayent entraînés dans leurs ſentimens. Le peuple qui ne ſe conduit que par les ſens, & qui rejette groſſierement les choſes, où ſon eſprit peu pénétrant ne ſçauroit atteindre, reſta toujours dans ſes anciens préjugés. On ſe mocqua des Tour-billons d'Anaxagore, comme on s'eſt moc-qué de ceux de Déſcartes (*a*) : on trai-ta de fous ceux qui faiſoient tourner la Terre, & de viſionnaires, ceux qui ſou-tenoient que les Planetes étoient habi-tées, que chaque Etoile étoit un Monde, & qu'il y avoit un nombre infini de ces Mondes, que nos yeux ne pouvoient ap-percevoir (*b*). C'eſt ainſi qu'on regarde

---

(*a*) On n'avoit pas tout-à-fait tort, puiſque ſon ſyſtême des Tourbillons eſt demontré faux, & abandonné aujourd'hui par la plûpart des Phi-loſophes.

(*b*) Les Habitans d'Abdere étoient ſi perſua-dés de la folie de Démocrite, qu'ils lui envoye-rent Hipocrate pour guérir ſon cerveau. Notre

encore les Philosphes de ce tems, qui ont soutenu les mêmes opinions. Enfin je ne puis donner une idée plus juste de l'ignorance où le peuple étoit alors, & où il a toujours été sur la Physique, qu'en rapportant ces paroles d'un excellent Auteur de l'Antiquité (*a*) : » Il y a long-
» tems qu'on sçait fixer les jours & les
» instans où doivent arriver les Eclypses
» de Soleil & de Lune : cependant la plus
» grande partie du peuple est encore dans
» la ridicule opinion, que ces évenemens
» n'arrivent que par la force des char-
» mes. «

Auteur attribue cette idée à l'ignorance du peuple ; mais les gens sensés sont très-convaincus, que par-là les Abdéritains rendoient assez justice à ce Philosophe.

(a) Plin. *Histor. lib* 2. *cap* 9.

CHAPITRE

CHAPITRE II.

Opinions des Anciens sur l'origine du Monde.

IL a fallu faire connoître l'idée que les Anciens s'étoient formée du système du Monde, avant que d'entrer dans le détail de leurs opinions sur son origine. En effet, l'ordre naturel demande que l'on commence par connoître une chose, avant que de s'appliquer à découvrir comment cette chose a commencé. Il y a trois différentes manieres de penser sur l'existence du Monde. On peut le concevoir éternel quant à sa matiere & à sa forme; c'est-à-dire, se le représenter comme subsistant de toute éternité dans le même état où nous le voyons aujourd'hui. On peut croire qu'il est éternel quant à sa matiere seulement, en imaginant que sa forme présente n'a pas tou-

C

jours subsisté. On peut enfin se figurer, que la matiere, ainsi que la forme qui le compose, a eû un commencement. Ce dernier sentiment dont nous parlerons plus au long dans la suite, a été généralement rejetté de toute l'Antiquité : les Anciens se sont partagés entre les deux premiers, & tous deux ont eû pour eux des sectateurs illustres & en grand nombre.

Commençons par ceux qui ont soutenu l'éternité du Monde quant à sa matiere & à sa forme. Diodore attribue cette opinion aux Chaldéens (*a*) ; Strabon assure la même chose des Gaulois (*b*). Phérécyde, Maître de Pythagore, avoit, au rapport de Diogène Laërce, composé un Livre sur l'origine des choses, qui

---

(*a*) *Chaldæi mundum sempiternum esse aiunt, neque principium habuisse, neque sortiturum esse finem.* Diodor. lib. 3.

(*b*) Ἀφθάρτους τε λέγουσι καὶ οὗτοι (Δρουΐδαι) καὶ ἄλλοι, τὰς ψυχὰς καὶ τὸν κόσμον.
Strab. lib. 4.

commençoit par ces mots : *Jupiter, le tems & la terre sont éternels* (*a*). Pythagore lui-même, qui assuroit que les ames passoient de toute éternité d'un corps dans un autre, ne pouvoit gueres soutenir son sentiment, qu'en supposant le Monde éternel & incorruptible, quoique Plutarque le mette au rang de ceux qui ont attribué son origine à la Divinité (*b*). Ce qu'il y a de certain, est qu'Ocellus, Disciple & Contemporain de Pythagore, dans le petit Traité qu'il nous a laissé, où il explique les sentimens de ceux de sa Secte sur l'origine du Monde, assure formellement, que la Terre & les animaux qui l'habitent sont éternels (*c*). Xénophanes confondant l'Univers

(*a*) *Servatur adhuc Pherecydis Syri, quem scripsit, libellus de rerum principio, cujus initium est : Jupiter quidem atque tempus idem semper & tellus erat.* Diog. Laërt. in Pherec.

(*b*) Πυθαγόρας καὶ Πλάτων γενητὸν ὑπὸ θεοῦ τὸν κόσμον, φθαρτὸν μὲν ὅσον ἐπὶ φύσει. Plut. de Placit. Phil. lib. 1. cap. 4.

(*c*) Ocellus, de Universo, cap. 1.

avec la Divinité, disoit qu'il n'avoit jamais commencé, & qu'il ne finiroit jamais. Mélissus s'exprimoit à peu près de même, ainsi que Ciceron nous l'apprend de l'un & de l'autre (*a*). Quoique selon Plutarque, Cicéron & Diogêne Laërce, Platon ait attribué au Monde un commencement (*b*), il paroît cependant clairement par ses Ouvrages, qu'il a soûtenu l'éternité de la matiere (*c*); mais il n'est pas aussi évident qu'il ait crû le Monde éternel quant à sa forme. Son Timée est d'une obscurité si impénétrable, qu'on peut lui faire dire dans ce Dialogue tout ce qu'on voudra (*d*). Dans un autre en-

(*a*) *Xenophanes unum esse omnia* (dixit,) *neque id esse mutabile, & id esse Deum; neque natum unquàm, & sempiternum.... Melissus, hoc quod esset infinitum & immutabile, & fuisse semper, & fore.* Cic. Acad. Quæst. lib. 4.

(*b*) Voyez pag. prec. N. (*b*). Cic. Acad. Quæst. lib. 4. & Diogen. Laër. in Platone.

(*c*) Voyez son Timée.

(*d*) Ce sont ces obscurités & ces incertitudes de Platon, que Ciceron lui reproche en ses ter-

droit, il établit cependant assez clairement le systême de l'année périodique, ou de la grande année (*a*), selon lequel le Monde se renouvellant sans cesse, se conserve néanmoins éternellement dans la même forme. Quoiqu'il en soit, Plutarque joint Pythagore & Platon à ceux qui ont crû le Monde incorruptible (*b*) ; & les disciples de ce dernier les plus attachés à leur Maître, comme Philon & Plotin, assurent très-positivement que le Monde est éternel, quoiqu'il y arrive de tems en tems des révolutions,

mes : *Jam de Platonis inconstantiâ longum est dicere, qui in Timæo patrem hujus mundi nominari negat posse ; in Legum verò libris, quid sit omninò Deus, inquiri oportere non censes. . . . Idem & in Timæo dicit ; & tamen in Legibus, & mundum Deum esse, & cœlum, & astra, & terram, & animos, & eos, quos Majorum institutis accepimus.* De Nat. Deor. lib. 2. Il est certain qu'on trouve de tout dans ce Philosophe, & qu'on peut y choisir ce qui plaît le mieux.

(*a*) C'est dans le Dialogue qu'il a intitulé *Politicus*.

(*b*) Voyez page 35. N. (*b*).

qui font périr la plus grande partie des habitans de la Terre (*a*). Enfin Aristote & les Péripatéticiens sont ceux qui se sont déclarés le plus fortement pour l'éternité ; ils ont soutenu que le Ciel, les Astres, les Planetes, la Terre, les Animaux, & généralement toutes choses étoient éternelles, & ne cesseroient jamais d'exister (*b*).

Nous partagerons en deux classes ceux qui ont donné un commencement à la forme du Monde ; nous placerons dans la premiere ceux qui ont enseigné l'opinion de la grande année que nous allons expliquer, & dans l'autre ceux qui ont rejetté ce même système. Selon les pre-

---

(*a*) V. Plotin, *Ennead.* 5, lib. 8, cap. 12.
(*b*) *Veniet.. Aristoteles, qui eum desipere dicas ; neque enim ortum esse unquàm mundum, quòd nulla fuerit nova consulto inito tam præclari operis incæptio : & ita eum esse undique aptum, ut nulla vis tantos queat motus mutationemque moliri, nulla senectus diuturnitate temporum existere, ut hic ornatus unquàm dilapsus occidat.* Cic. Acad. Quæst. lib. 4.

miers, le Monde ne se revêtoit jamais d'une forme différente de celle qu'il a eûe de toute éternité ; il se renouvelloit seulement de tems en tems : selon les autres, sa forme changeoit absolument, & devenoit totalement différente de ce qu'elle avoit été.

Les Anciens entendoient par leur année périodique, ou leur grande année, la révolution entiere des Cieux, c'est-à-dire, le retour de tous les Astres au même point fixe d'où ils étoient partis (*a*). Ils n'ont jamais été bien d'accord entr'eux sur la durée de cette grande année : les uns l'ont faite de cinq mille ans; d'autres de dix mille, de quinze mille (*b*), de cent mille ; & quelques-uns de

(*a*) *Quarum* (stellarum errantium) *ex disparibus motibus magnum annum Mathematici nominaverunt : qui tum efficitur, cùm solis & lunæ, & quinque errantium, ad eandem inter se comparationem, confectis omnium spatiis, est facta conversio. Quæ quàm longa sit, magna quæstio est.* Cic. de Nat. Deor. lib. 2.

(*b*) C'est à ce nombre de quinze mille, que

C iiij

plusieurs millions, comme on peut le voir dans Censorin.

C'étoit donc à la fin de cette grande année périodique, que les Anciens s'imaginoient que le Monde se renouvelloit, & recommençoit à exister en la même forme, & de la même maniere qu'il avoit fait auparavant. Les mêmes hommes qui avoient autrefois habité la terre, renaissoient, & commençoient de nouveau une vie pareille à celle qu'ils avoient déjà menée. Les mêmes événemens qui s'étoient passés dans le cours de la grande année précédente, arrivoient de même dans celle qui la suivoit. Enfin pendant

Macrobe la fixe dans ce passage, où il explique ce que c'est que cette grande année : *Mundani ergo anni finis est, cùm stellæ omnes omniaque sydera à certo loco ad eundem locum ita remeaverint, ut ne una quidem cœli stella in alio loco sit, quàm in quo fuit, cùm omnes aliæ ex eo loco, motæ sunt, ad quem reversæ anno suo finem dedere. Hoc autem, ut Physici volunt, post annorum quindecim millia peracta contingit.* De Somn. Scip. lib. 2.

toute l'éternité, toutes les années périodiques se ressembloient, & n'étoient, pour ainsi dire, que des répétitions les unes des autres. Origène attribue cette opinion aux Platoniciens & aux Pythagoriciens (*a*). Il est certain que Platon en a établi le système dans un de ses Dialogues, mais avec une singularité qui est particuliere à ce Philosophe : car il assure qu'au bout d'un certain tems toutes choses rétrogradent; que les Astres se levent à l'Occident, & se couchent à l'Orient; & que les hommes recommencent à vivre par la vieillesse, pour mourir ensuite dans la premiere enfance (*b*).

(*a*) Origen. *contra Cels. lib.* 5. *cap.* 21.
(*b*) *Id autem contingit omnium maximum, sequiturque continuò revolutionem illam, quandò cœlum contrà quàm nunc reflectitur. Ubi nimirùm ad ætatis florem quodvis animal perveneris, tum desinit quidquid mortale est, & ad senium vadit. Tum in figuram transit contractam, junioremque quodam modo & molliorem habitum induit; seniorumque cani capilli nigrescunt. Pubescentium quoque corpora pilis positis mollescunt, sensimque*

Mais les Stoïciens sont ceux qui se sont le plus attachés à l'opinion de l'année périodique, & qui l'ont soutenue avec plus de chaleur. Voici de quelle maniere s'en explique Chrysippe, un des plus fameux Philosophes de cette Secte. » Après » notre mort, quelques périodes de tems » étant écoulées, nous serons rétablis » dans le même état, & dans la même » forme que nous avions auparavant. « Numénius, autre Stoïcien illustre, dit que c'est ce rétablissement dans notre premiere forme, qui accomplit la grande année, où la nature se renouvelle d'elle-même & en elle-même : il ajoûte, que ces révolutions & ces périodes recommenceront éternellement. Saint Augustin parle de cette opinion des Stoïciens d'une maniere encore plus formelle. » Ils

―――――――――――
decrescentia in senelli pueri naturam revertuntur: Tum demùm tabescentia deficiunt & intereunt, Plat. in Politic.

» croyent, dit-il (*a*), que pendant toute
» l'éternité il y aura un cercle d'événe-
» mens tous semblables ; & , par exem-
» ple , comme Platon a enseigné dans
» l'Académie d'Athenes, de même il y au-
» ra des tems pendant toute l'éternité, où
» le même Platon enseignera encore dans
» la même Ville & dans les mêmes lieux,
» & aura les mêmes disciples ... Il en sera
» de même de toutes choses qui, suivant
» ce systeme, doivent recommencer sans
» cesse au bout de quelques intervalles,
» longs, à la verité, mais pourtant certains.

(*a*) *Absit autem à rectâ fide, ut his Salomonis verbis illos circumitus significatos esse credamus, quibus illi putant, sic eadem temporum temporaliumque rerum volumina repeti, ut, v. g. sicut in isto sæculo Plato Philosophus in urbe Atheniensi, in eâ scholâ, quæ Academia dicta est, discipulos docuit : ita per innumerabilia retro sæcula, multùm plexis quidem intervallis, sed tamen certis, & idem Plato, & eadem civitas, eademque schola, iidemque discipuli repetiti, & per innumerabilia deindè sæcula repetendi sint.* August. de Civ. Dei, lib. 12. cap. 13.

Enfin c'est sans doute à cette doctrine du renouvellement, ou plutôt, si j'ose le dire, du *recommencement* des choses, inférée dans les vers Sibyllins, que Virgile fait allusion, lorsque pour flater un Consul Romain sur le bonheur que la naissance de son fils promettoit aux hommes (*a*): » Les tems prédits par la Sibylle sont, dit-» il (*b*), arrivés; cette longue suite de Sie-» cles qui nous ont précédés, va recommen-» cer: nous allons revoir l'âge d'or; Astrée » revient sur la terre. » On peut croire que les Egyptiens & les anciens Arabes avoient cette opinion en vûe, lorsqu'ils regardoient le Phœnix qui renaît de ses cen-

(*a*) On sçait que les Sçavans sont partagés sur ce qui fait le sujet de la quatriéme Eglogue de Virgile. Parmi les divers sentimens tous indifférens à la matiere dont il s'agit ici, l'Auteur en choisit un, sans prétendre que ce soit le mieux fondé & le véritable.

(*b*) *Ultima Cumæi venit jam carminis ætas:*
Magnus ab integro sæclorum nascitur ordo;
Jam redit & Virgo, redeunt Saturnia regna.
Virgil. Eglog. 4.

dres, comme le symbole du renouvellement éternel de la nature.

Pour ce qui est de ceux qui sans admettre l'année périodique, ont reconnu simplement que le Monde changeoit de forme, nous devons mettre en ce rang Anaximenes, Démocrite, Epicure & les autres qui ont reconnu une infinité de mondes à la fois, qui se détruisoient & se reproduisoient sans cesse; en un mot, tous ceux qui ont admis les Atomes pour principe des choses, & le hazard pour cause formelle de leur existence. Selon eux, le Monde retournoit dans le cahos, d'où le hazard l'avoit tiré, & n'en ressortoit, que lorsque le même hazard l'en retiroit encore une fois, pour lui donner une nouvelle forme.

Expliquons à présent de quelle maniere les Anciens ont imaginé que le Monde a pû commencer. Les uns en ont attribué la cause au seul hazard : les autres ont eu recours pour cela à un Etre intelligent; mais tous ont supposé certains principes préexistans, sur lesquels, soit l'être intelligent, soit le hazard ont agi, c'est-à-dire, dont la cause efficiente du Monde s'est servie pour le former. Ces principes ont été nommés atomes par Leucippe, Démocrite, & les Epicuriens (*a*), ce qui signifie, corps indivisibles; les autres les ont appellés élémens;

(*a*) *Principia omnium esse atomos* (dixit) *atque inane*, dit Diogene Laërce, en parlant de Démocrite.

Cicéron exposant ce sentiment de Démocrite & de toute la secte des Atomistes, dit: *Ille Atomos, quas appellat, id est, corpora individua propter soliditatem, censet in infinito inani, in quo nec summum, nec infimum, nec medium, nec ultimum, nec extremum sit, ita ferri, ut concursionibus inter se cohærescant, ex quo efficiantur ea, quæ sint, quæque cernantur, omnia; eumque motum Atomorum nullo à principio, sed ex æterno tempore intelligi convenire. Tum innumerabiles mundi, qui & oriantur, & intereant quotidiè.* De Fin. bon. & mal. lib. 1.

Mais personne n'a mieux expliqué ce systême que Lucrece, comme on peut le voir par ces vers, *De nat. rer.* lib. 3.

Sed quia multa modis multis primordia rerum

quelques-uns se sont servis du mot général de semences des choses; d'autres enfin ont compris toutes ces idées sous le nom de matiere. Thalès n'a point admis d'autre principe de l'Univers que l'eau :

> Ex infinito jam tempore percita plagis,
> Ponderibusque suis consuerunt concita ferri,
> Omnimodisque coïre, atque omnia pentare,
> Quæcumque inter se possent congressa creare :
> Proptereà fit, ut magnum volgata per ævum,
> Omnigenos cœtus & motus experiundo,
> Tandem ea conveniant; quæ ut convenere, repentè
> Magnarum rerum fiant exordia, nempè
> Terraï, maris, & cœli, generisque animantum.

Il avoit déja dit dans son second Livre :

> Quod quoniam constat, nimirùm nulla quies est
> Reddita corporibus primis per inane profundum;

Anaximenes n'a reconnu que l'air, Héraclite & Parménide que le feu ; Empédocle a ajouté la terre à ces trois choses ensemble, & a le premier soutenu les quatre élémens, que l'Ecole Péripatéticienne a rendus depuis si célèbres (*a*).

> Sed magis assiduo varioque exercita motu,
> Partim intervallis magnis conflicta resultant :
> Pars etiam brevibus spatiis nexantur ab ictu;
> Et quæcumque magis condenso conciliatu
> Exiguis intervallis connexa resultant,
> Endopedita suis perplexis ipsa figuris,
> Hæc validas saxi radices, & fera ferri
> Corpora constituunt, & cætera de genere horum
> Paucula. Quæ porrò magnum per inane vagantur,
> Et cita dissiliunt longè, longèque recursant
> In magnis intervallis : hæc aëra rarum
> Sufficiunt nobis, & splendida lumina solis.

(*a*) *Thales ex aquâ dixit constare omnia : Anaximenes infinitum aëra, Parmenides ignem, qui moveat terram, quæ ab eo formetur, Empedocles hæc pervulgata & nota quatuor, Heraclitus ignem.* Cic. Acad. Quæst. lib. 4.

Sans nous arrêter à rapporter les différens sentimens des Philosophes sur ce sujet, il suffit de dire que, selon eux, ces principes, ou les élémens qu'ils ont admis, quels qu'ils fussent, étoient dans le désordre & la confusion, lorsque le hazard, ou la Divinité les en fit sortir & les débrouilla. Leucippe, Démocrite, Epicure & tous les Philosophes atomistes qui tiennent un rang si considérable parmi ceux qui ont raisonné sur l'origine du Monde, en attribuent la cause seulement au hazard. On ne sçait au reste s'ils ont eu une idée bien claire de ce hazard, & si par ce mot ils ont pû entendre autre chose qu'une cause cachée, à la vérité, mais pourtant nécessaire. Quoiqu'il en soit, voici de quelle maniere ils s'expliquoient. Ils assuroient que les Atomes étant continuellement agités dans un vuide infini, il arrive que grand nombre de ces Atomes s'acrochent les uns aux autres, demeurent ensuite liés & acrochés de cette

D

forte, quelquefois plus, quelquefois moins long tems, & enfin fe décrochent, & retournent dans le mouvement confus où ils étoient auparavant, jufqu'à ce qu'ils fe racrochent de nouveau. Notre Monde n'eft donc autre chofe, felon eux, qu'un amas d'Atomes, qui s'etant acrochés enfemble, ont formé tous les Etres qui le compofent. Or comme le nombre des Atomes, & le vuide qui les contient, font infinis, il s'enfuit de là qu'il peut continuellement fe former une infinité de Mondes, & qu'il s'en détruit de même une infinité, les Atomes n'étant occupés pendant toute l'éternité qu'à s'acrocher & à fe décrocher, c'eft-à-dire, travaillant fans ceffe à faire des Mondes & à les défaire.

Le nombre des Philofophes qui ont eu recours à un Etre intelligent pour la formation du Monde, eft très-peu confidérable. Si l'on en excepte Anaxgore &

ceux qui ont suivi la doctrine de Platon (*a*), tous les autres semblent n'en avoir attribué la cause qu'au hazard, ou à la nécessité. Les Platoniciens eux-mêmes peignoient la nécessité avec la Divinité, & reconnoissoient également l'une & l'autre pour la cause efficiente du Monde. Voici comment Platon s'explique sur ce « sujet. Dieu, dit-il (*b*), a produit, ou » pour me servir de ses termes, a engen- » dré le Monde de toute éternité ; & en le » produisant, il a suivi l'idée ou l'exem- » plaire parfait qu'il a en lui-même de » toutes les choses possibles. La matiere » étoit avant le Monde ; & elle en est la » mere, de même que Dieu en est le pe- » re. Ainsi le Monde est la chose engen-

___

(*a*) *Anaxagoras naturam infinitam (dixit ;) sed eas particulas similes inter se minutas ; eas primùm confusas, posteà in ordinem adductas mente divinâ.* Cic. Acad. Quæst. lib. 1. & ibid. lib. 4. *Plato ex materiâ in se omnia recipientem mundum esse factum censet à Deo sempiternum.*
(*b*) In Timæo.

D ij

» drée, Dieu est le principe qui engendre, » & la matiere est la chose dans laquelle » le Monde est engendré. L'intelligence » & la nécessité sont donc la cause effi- » ciente du Monde : car l'intelligence n'est » autre chose que Dieu ; & la nécessité est » une même chose avec la matiere. »

Il y a dans ce système quelque obscurité qu'il est bon d'éclaircir. Premierement, on ne comprend pas trop ce que Platon veut dire, lorsqu'il assure que la matiere étoit avant le Monde: car on vient de voir qu'il a crû le Monde éternel, ou créé de toute éternité ; on ne peut donc entendre cette priorité de la matiere que d'une priorité d'ordre, comme parlent les Théologiens, & non d'une priorité de tems. Il n'est gueres plus aisé d'expliquer ce que ce Philosophe entend, lorsqu'il dit que la nécessité & la matiere sont une même chose, & que cette nécessité est la mere du Monde. Il faut pour cela recourir aux Platoniciens, qui ont le mieux développé la doctrine de leur Maître. Ils nous apprennent (*a*) que la matiere exiſte néceſſairement; d'où il s'enſuit, que la matiere eſt une cauſe néceſſaire de l'exiſtence du Monde. En effet Plotin aſſure que rien n'eſt plus ridicule, que de dire que Dieu a fait le Monde pour ſa gloire: c'eſt, dit-il (*b*), lui attribuer les défauts & les vûes baſſes des ouvriers, qui travaillent pour le profit ou pour l'honneur.

Après avoir établi pour principe de toutes choſes la matiere éternelle & infinie,

___

(*a*) *V.* Plotin, *Ennead.* 1. *lib.* 8. *cap.* 15.
(*b*) *Ennead.* 3. *lib.* 2. *c.* 2. C'eſt ainſi que Lucrece a dit, que c'étoit une extravagance de penſer que l'Univers ait été fait pour l'homme, *De rer. nat. lib.* 5.

Dicere porrò, hominum causâ voluiſſe parare
Præclaram mundi naturam, proptereàque
Id laudabile opus Divûm laudare decere.
Deſipere eſt.

Anaxagore suppose que les parties de cette matiere qui étoient dans la confusion, furent débrouillées & arrangées par l'Intelligence divine (*a*). Les Chaldéens qui, comme nous l'avons vû plus haut (*b*), assuroient que le Monde étoit éternel, reconnoissoient cependant que l'ordre & l'arrangement de l'Univers avoit été établi par une Divine providence : ainsi ils alloient deux choses, que Platon met de pair dans son système, sçavoir, la formation du Monde & son éternité.

Mais l'opinion la plus ancienne & la plus célebre de l'Antiquité sur l'origine du Monde, est sans contredit celle qui étoit contenue dans la Théologie allégorique des Egyptiens & des Phéniciens, & que les Poëtes Grecs & Latins ont tant célébrée dans leurs Ouvrages sous

(*a*) *Omnia simul erant ; deindè accessit mens, eaque composuit*, lui fait dire Diog. Laër. *in Anaxag.* Voyez pag. 51. N. (*a*).
(*b*) Page 34. N. (*a*).

le nom de Chaos, c'est-à-dire, du mêlange des Elémens, & de l'assemblage confus des semences de toutes choses, que l'Amour sçut débroüiller & rendre fécondes. Les anciennes Poësies qui nous restent sous le nom d'Orphée, font mention de cette fameuse allégorie : Appollonius en parle aussi dans ses Argonautiques; & Hésiode ne l'a pas oubliée dans sa Théogonie, quoiqu'il la rapporte d'une manière peu exacte, en faisant produire la Terre avant l'Amour. " Le Cahos a " été, dit-il (*a*), avant toutes choses, " ensuite la Terre, le Tartare ténébreux " qui est au fond de la Terre, & l'Amour " vainqueur des hommes & des Dieux. " Du Cahos est sorti l'Erebe ; & la Nuit " a produit le jour & l'Ether. " Aristophane est celui de tous, qui a traité ce

(*a*) Ἤτοι μὲν πρώτιϛα Χάος γένετ᾽, αὐτὰρ ἔπειτα
Γαῖ᾽ εὐρύϛερν &c. Theogon. vers. 116.

sujet avec le plus d'ordre : voici de quelle manière il fait parler un de ses Chœurs (*a*). " Au commencement étoit le Cahos
" & la Nuit, l'Erebe & le Tartare. Il
" n'y avoit encore ni Terre, ni Air, ni
" Ciel lorsque la Nuit produisit un œuf,
" d'où sortit l'aimable Amour aux aîles
" dorées, qui se mêlant avec le Cahos,
" engendra notre espece. " C'est ce qui a donné lieu à l'emblême, où l'Amour est représenté comme le Maître & l'Auteur de l'Univers, avec une grande barbe pour marque de son ancienneté (*b*); & c'est encore pour la même raison, qu'on appelle Venus la mere de la nature, & celle qui a débrouillé les Elémens (*c*). Toutes ces figures signifient

(*a*) Χάος ἦν, ᾗ Νὺξ, Ἔρεβός τε μέλαν πρῶτον, ᾗ Τάρταρος εὐρύς :
Γῆ δ', ἐδ' ἀὴρ, ἐδ' ὀρανός ἦν, &c. Aristoph. in Avib. vers. 694.

(*b*) Voyez Lucien, *In Amor.*

(*c*) *En rerum naturæ prisca parens; en elementorum origo initialis; en orbis totius alma Venus.* Apul. Metam. lib. 4.

seulement, que l'accord & l'union entre les choses homogênes, c'est-à-dire, de même espece & de même nature, a été la cause de l'existence de cet Univers; de même que ce que les Grecs appelloient ἔρις, ou la discorde, avoit été & pouvoit être encore la cause de sa confusion & de sa ruine.

Comme les Egyptiens & les Phéniciens étoient sur l'origine du Monde dans le système du Cahos, il n'est pas impossible que les Juifs leurs voisins l'ayent adopté, & que Moyse l'ait inféré dans la Genese (*a*). Quoique les Théologiens expliquent aujourd'hui ce Livre d'une maniere différente, & ne reconnoissent point ordinairement de matiere préexistante à la Création du Monde, rien n'est cependant plus clair & plus sensible que cette vérité, comme on peut facilement le faire voir.

(*a*) *Terra autem erat inanis & vacua; & tenebræ erant super faciem abyssi.* Gen. I. 2.

En effet l'idée qu'on attache au mot *Créer*, auquel on fait signifier *tirer du néant*, est manifestement toute nouvelle, & n'a point d'expression qui lui réponde dans toutes les Langues anciennes, Hébraïque, Grecque ou Latine : les termes de ces Langues ausquels on a depuis attaché ce sens, n'avoient point cette signification avant la Théologie Chrétienne, ainsi que Burnet, ce sçavant Anglois, l'a fort bien remarqué. » La création, & les
» termes synonimes de ce mot pris dans
» le sens qu'on leur donne aujourd'hui,
« sont, dit-il, des termes nouveaux :
» car on n'en trouve aucun dans les Lan-
» gues Hébraïque, Grecque & Latine,
» qui ayent eu une pareille signification ;
» en ces Langues, *créer* & *faire* ont
» toujours désigné la même chose. C'est
» pourquoi les Septante ont rendu le mot
» Hébreu *barah*, par celui d'ἐποίησεν,
» qui en Grec veut dire *fit*, & qui

» a en effet la même force que le terme
» Hébreu. « Au contraire aujourd'hui nous rendons le terme Latin *creavit*, par le mot François *il créa*, auquel une idée nouvelle a été attachée. Car voici comment on traduit ordinairement les premiers mots de la Genese: » Au commen-
» cement Dieu créa le Ciel & la Terre;
» or la Terre étoit nuë & fans ornement. « Cependant deux des plus habiles Interprêtes de l'Ecriture, Vatable & Grotius, aſſurent que pour rendre exactement la phraſe Hébraïque, il faut dire: » Lorſ-
» que Dieu fit le Ciel & la Terre, la
» matiere étoit informe; « ce qui fait un fens fort différent, qu'on n'oferoit admettre, ſélor nos Commentateurs modernes, parce que cette phraſe ſuppoſe évidemment la préexiſtence de la matiere.

Quoiqu'il en ſoit, il n'eſt guéres poſſible de douter, que le Cahos des Anciens

ne soit clairement exprimé dans ces paroles de la Genese. " La Théologie Phé-
" nicienne, dit Eusebe (*a*), admet pour
" principe de toutes choses un air spiri-
" tueux avec le Cahos ténébreux, l'un &
" l'autre éternels & infinis. L'esprit, ou
" cet air spiritueux, se mêlant avec le
" Cahos, de ce mêlange & de cette union
" fut produit le limon, dont toutes les
" créatures ont été tirées. " On reconnoît visiblement dans ces paroles d'Eusebe la préexistence du Cahos avant la formation du Monde. On y voit d'une maniere sensible l'Esprit de Dieu qui couvoit les eaux, au rapport de l'Ecriture (*b*), c'est-à-dire, qui rendoit le Cahos fécond, en échauffant les eaux. On y apprend pourquoi on introduisit autrefois le feu & l'eau dans les cérémonies nuptiales,

(*a*) Præpar. Evang. *lib.* 1. *cap.* 10.
(*b*) Sp*i*ritus D*ei* ferebatur super aquas, al. incubabat aquis. Gen. 1, 2.

les Anciens regardant ces deux choses comme les principes de la génération. On y découvre la raison qu'avoient les Egyptiens, les Phéniciens, & ceux qui étoient initiés aux mysteres de Bacchus, de représenter le Monde sous la figure d'un œuf. Enfin on demeure convaincu par ce passage, que cet esprit des Phéniciens & des Juifs n'est autre chose, que l'Amour dont parlent les Grecs, comme l'Erebe & le Tartare de ceux-ci sont clairement désignés par les ténebres & l'abyme dont il est parlé dans la Genese. De-là il résulte, ou que les Juifs ont emprunté ces idées des Egyptiens & des Phéniciens, ou bien, ce qui paroît absolument impossible, que ceux-ci les ont tirées des Livres de Moyse.

Tout ce que nous venons de rapporter touchant le célebre Cahos des Anciens, ne nous donne pas une idée nette & distincte de leur sentiment sur l'origine du

Monde. On peut dire qu'ils ont traité fort énigmatiquement une matiere, qui d'elle-même étoit déjà très-obscure, & qu'ils ont ajouté les voiles de l'allégorie aux ténebres naturelles de la question qu'ils avoient entrepris d'expliquer. Mais au moins si quelque chose s'entend clairement dans leur système, c'est que le Monde n'a jamais été tiré du néant (*a*). Lorsque les Elemens confus se débrouillerent, la matiere dont le Monde a été formé subsistoit déjà : il n'y eut alors rien de créé, c'est-à-dire, rien qui passât du néant à l'être, que la forme nouvelle dont la matiere se revêtit. Nous pouvons donc assurer hardiment avec le sçavant Burnet, dont nous avons déjà parlé, que la maniere dont

---

(*a*) C'est le principe constant de Lucrece.
    Nullam rem è nihilo gigni divinitùs unquàm,

conclut-il dans son premier Livre ; ce qu'il répete en beaucoup d'autres endroits.

on explique aujourd'hui la création de l'Univers, a été absolument inouie dans l'Antiquité, non-seulement aux Philosophes, mais même à tous les Peuples de la Terre.

Les Juifs qui, comme nous venons de le voir, convenoient avec leurs voisins sur la formation du Monde, n'imiterent pas la réserve & le silence des autres Nations sur l'époque de son commencement. Ils prétendirent la fixer ; & ils furent les premiers & les seuls, qui oserent entrer dans le détail de la maniere dont Dieu, selon eux, l'avoit formé. Leur entreprise, lorsqu'elle fut connuë, ne fut point approuvée des autres Peuples, qui la traiterent tous de témérité. On reconnut qu'ils n'avoient parlé comme ils ont fait de l'origine du Monde, que pour s'en donner à eux-mêmes une plus illustre, en se faisant descendre de certains hommes imaginaires, disoient leurs ennemis, dont personne avant eux n'avoit jamais entendu parler. On fut convaincu qu'ils ne faisoient remonter l'obfervation du Sabbat jufqu'à Dieu même, en affurant qu'ayant achevé fon ouvrage en fix jours, il fe repofa le feptieme, que pour autorifer & relever cet ufage établi parmi eux, auquel les autres Nations donnoient une origine humaine & très-commune, quelques-uns même fort baffe. Enfin tout ce que les Juifs débitoient fur la maniere dont le Monde avoit été formé, paroiffoit fi puérile & fi extravagant, que leur crédulité à ce fujet les rendoit la rifée des autres Peuples, auffi-bien que les Chrétiens, que l'on confondoit avec eux, parce qu'ils avoient adopté leur Ecriture. Lorfque Celfe, Julien & les autres ennemis du Chriftianifme fe mettoient fur la queftion de la Création du Monde, leurs railleries ne finiffoient point (*a*) : il n'y avoit

(*a*) Voyez Origen. *contra Celf. lib.* 4. *cap.* 35.

pas

pas de contes de vieilles si impertinens qu'ils fussent, qu'ils ne trouvassent plus raisonnables, que tout ce qui se lit à ce sujet dans la Genese. Aussi Celse avouër-t-il (*a*), que les plus sensés d'entre les Juifs & d'entre les Chrétiens, honteux d'entendre ce récit à la lettre, avoient recours à l'allégorie pour l'expliquer.

Nous pouvons donc regarder comme une chose constante, que parmi les Anciens, le plus grand nombre ayant tenu pour l'éternité du Monde, tous ceux qui ont soutenu que l'Univers a commencé, ont admis en même-tems la préexistence de la matiere; & qu'ils ont reconnu, ou que le Monde étoit extrêmement ancien, ou du moins que les tems dont sa formation présente a été suivie, étoient remplis de tant d'obscurité, & si couverts d'épaisses ténebres, qu'il étoit absolument

---

37. 38. 39. 40. *lib. 6. cap.* 60. 61. 62. & *Clem. Alex. contra Jul. lib.* 2.

(*a*) Origen. *contra Cel. lib.* 1. *cap.* 1.

E

impossible de rien dire de certain sur l'instant de son origine.

CHAPITRE III.
Opinions des Anciens sur la fin du Monde.

C'est une vérité incontestable, que ce qui n'a point eû de commencement, ne doit point avoir de fin, & qu'au contraire ce qui a commencé, doit un jour finir (*a*). Ainsi en rapportant les opinions différentes de ceux qui ont crû le Monde éternel, ou qui lui ont donné un commencement, nous avons en même-tems fait connoître que, selon les uns, sa durée devoit nécessairement avoir un terme ; comme, selon les autres, il devoit subsister pendant toute l'éternité. Ou-

(*a*) *Quæ est coagmentatio non dissolubilis ; aut quid est, cujus principium aliquod sit, non sit extremum?* Cic. de Nat. Deor. lib. 1.

tré cela, en parlant des Stoïciens & des autres qui ont soutenu le systême de l'année Périodique, il a fallu joindre ensemble leurs sentimens sur l'origine du Monde & sur sa fin. De même en expliquant le systême des Atomistes, nous avons été obligés de ne point séparer de ce qu'ils pensoient sur l'origine de l'Univers, leurs opinions sur la formation, & sur la destruction des Mondes infinis qu'ils admettoient. Cependant comme nous n'avons traité ce sujet que d'une maniere générale, il est à propos que nous entrions dans le détail, & que nous examinions plus à fond quelle a été la pensée des Anciens sur la durée du Monde, & sur sa fin.

Tous ceux qui ont crû le Monde éternel, convaincus que ce qui a toujours été doit nécessairement toujours être, ont assuré qu'il subsisteroit éternellement dans le même état où il est, sans s'affoiblir, & sans souffrir ni corruption, ni

E ij

changement, au moins quant à son tout, & à ses parties principales (*a*). Ce n'est donc que de ceux qui ont soutenu que le Monde a commencé, que nous avons à parler ici, puisqu'ils sont les seuls qui, conséquemment à leur principe, ayent avancé qu'il devoit un jour finir.

Pour trouver chez les Anciens quelque chose de positif sur la fin du Monde, il faut d'abord descendre aux Philosophes Grecs. Manethon & Héraclée nous apprennent, à la vérité, que les Egyptiens croyoient le Monde corruptible (*b*) : Strabon dit la même chose des Gymnosophistes (*c*) ; mais ce sont les Grecs,

(*a*) Voyez le Chapitre précédent, surtout pag. 4. N. (*a*) pag. 35. N. (*b*) pag. 36. N. (*a*) & pag. 38. N. (*b*).

(*b*) Diogene Laërce leur atribue aussi cette opinion, *in Proœm.* en ces termes : *Ægyptiorum hujusmodi philosophiam esse prodidere.... mundum genitum, corruptionique obnoxium.*

(*c*) Περὶ πολλῶν δὲ τοῖς Ἕλλησιν ὁμοδοξεῖν (τὸς Βραχμᾶνας,) ὅτι γὰρ γενητὸς ὁ κόσμος, ἐφθαρτὸς λέγειν ἐκείνοις. *Strabon. lib.* 15.

qui les premiers se sont expliqués sur ce sujet d'une maniere claire & décisive. Ceux d'entr'eux qui assûroient que le Monde avoit commencé, soutenoient avec la même certitude qu'il finiroit un jour (*a*). Selon les Atomistes, la cause de sa fin doit venir de ce que les Atomes se décrochant, & retournant dans leur mouvement confus, donneront lieu à la destruction de toutes les choses qu'ils avoient formées en s'accrochant les uns aux autres. Voici de quelle maniere Lucrece en parle, suivant l'opinion d'Epicure. » Vous voyez, dit-il (*b*), mon cher Mem-

___

(*a*) C'est ce que Diogene Laërce assure des Stoïciens : *Placet autem eis & corruptibilem esse mundum.* In Zenon.

(*b*) Principiò maria ac terras cœlumque tuere.
Horum naturam triplicem, tria corpora, Memmi,
Tres species tam dissimiles, tria talia texta
Una dies dabit exitio, multosque per annos
Sustentata ruet moles & machina mundi.
De rer. nat. lib. 5.

» mius, le Ciel, la Terre & la Mer. Ces
» vastes Corps d'une nature & d'une es-
» pece si différente, un jour viendra
» qu'ils seront détruits ; & la machine du
» Monde, après avoir duré tant de siecles,
» s'écroulera, & sera entierement renver-
» sée. «

Comme ce renversement général de la machine du Monde est une idée qui étonne & frappe vivement l'imagination, & que par conséquent elle fournit une matiere convenable aux Poëtes de la représenter avec succès, lorsque l'occasion s'en présente, Séneque & Lucain ont fait la description de cette ruine de l'Univers d'une maniere capable d'inspirer l'horreur & l'effroi. Voici comment le premier s'en explique. » Ce jour fatal étant arrivé,
» dit-il (*a*), où les loix par lesquelles

(*a*)   Jam jam legibus obrutis
        Mundo cùm veniet dies,
        Australis polus obruet

„ le Monde subsiste seront détruites, le
„ Pôle Austral tombant impétueusement
„ sur la Terre, écrasera les Peuples de
„ l'Afrique; le Pôle Arctique accablera de
„ même les Habitans du Nord. Le Soleil
„ obscurci ne rendra plus aucune lumie-
„ re; les colonnes du Ciel seront renver-
„ sées, & dans leur chûte entraineront la
„ ruine générale du genre humain. Les

  Quicquid per Libyam jacet,
  Et sparsus Garamas tenet ;
  Arctous polus obruet
  Quicquid subjacet axibus,
  Et siccus Boreas ferit.
  Amissum trepidus polo
  Titan excutiet diem :
  Cœli regia concidens
  Ortus atque obitus trahet ;
  Atque omnes pariter Deos
  Perdet mors aliqua & chaos,
  Et mors fata novissima
  In se constituet sibi.
  Quis mundum capiet locus ?
     Hercul. Oet. Act. 3

» Dieux mêmes n'en seront point exemts ;
» tout rentrera dans le Cahos ; & la mort
» terminera le destin de tous les êtres.
» Que deviendra le Monde alors ? » Lucain ne s'exprime pas avec moins de force & d'énergie. « Lorsque les Siecles
» seront, dit-il (*a*), parvenus à leur
» derniere heure, & que le lien qui unit
» toutes choses sera rompu, le Monde
» étant prêt à rentrer dans l'ancien chaos,
» tous les Astres confondus se choqueront
» les uns les autres ; les corps emflammés

(*a*) . . . . . . Cùm compage solutâ,
Sæcula tot mundi suprema coëgerit hora,
Antiquum repetent iterùm chaos omnia.
  Mixtis
Sydera Syderibus concurrent : ignea pontum
Astra petent : tellus extendere littora nolet,
Excutietque fretum : fratri contraria Phæbe
Ibit ; & obliquum bigas agitare per orbem
Indignata, diëm poscet sibi ; totaque discors
Machina divulsi turbabit fœdera mundi.
       Bel. Civ. lib. 1

» se précipiteront dans la mer; la Terre
» repoussera les eaux loin de leurs rivages;
» la Lune dédaignant son cours & ses
» fonctions ordinaires, voudra tenir la
» place du Soleil; la discorde enfin s'em-
» parant de tout l'Univers, rompra l'u-
» nion à laquelle il devoit son existen-
» ce. «

Ceux qui étoient dans le système de l'année Périodique, surtout les Stoïciens, ne se contenterent pas de dire simplement comme les Atomistes, que le Monde périroit par la désunion & la confusion de ses parties: ils assurerent qu'il finiroit par le feu, & que l'Univers seroit détruit par un embrasement général. Ciceron leur attribue ce sentiment en plus d'un endroit (*a*); Origene dit la même

---

(*a*) *Ex quo eventurum nostri (* Stoici *) putant, ut ad extremum omnis mundus ignesceret, cùm humore consumpto, neque terra ali posset, neque remearet aër, cujus ortus, aquâ omni exhaustâ, esse non posset: ita relinqui nihil præter ignem, à*

chose (*a*); & Séneque qui a fait tant d'honneur à la Secte Stoïque, ne s'exprime point autrement (*b*). C'est conformément à cette opinion de l'embrasement général du Monde, qu'Ovide a dit au commencement de ses Métamorphoses (*c*): « Il est écrit dans le livre du » destin, qu'il viendra un tems, où la » terre, la mer & les cieux s'enflâmme-« ront, & où la pesante machine du Mon-

quo rursum animante ac Deo renovatio mundi fieret, atque idem ornatus oriretur. Cic. de Nat. Deor. lib. 2.

(*a*) Φασὶ δὴ οἱ ἀπὸ τῆς Στοᾶς, κατὰ περίοδον ἐκπύρωσιν τοῦ παντὸς γίνεσθαι. Origen. contra Cels. lib. 5. cap. 20.

(*b*) *Dicimus ignem esse, qui occupet mundum, & in se cuncta convertat. Ita ignis exitus mundi est.* Senec. Nat. Quæst. lib. 3. cap. 13.

(*c*) Esse quoque in fatis reminiscitur, affore tempus,
Quo mare, quo tellus, correptaque regia Cœli
Ardeat, & mundi moles operosa laboret.
    Metam. lib. 1.

„ de sera renversée. „ Dion nous apprend
(*a*) que l'Empereur Tibere avoit toujours à la bouche un vers Grec, dont le sens étoit : „ Que la Terre s'embrase,
„ quand je ne serai plus ; « faisant allusion sans doute au feu qui devoit consummer l'Univers. Le même Lucain que nous avons cité, assure dans un autre endroit, qu'un feu général est destiné à la destruction du Monde, & que rien n'échappera à la fureur des flammes, lorsqu'un jour le Ciel & la Terre confondus s'embraseront (*b*). Stace & Properce ont aussi fait mention de la ruine de l'Univers ; mais comme ils se sont expliqués

(*a*) Sæpè verò recitasse memoratur antiquum hoc :
  Me misceatur igne terra mortuo.
                    Dio, Epit. lib. 58.

(*b*) Hos, Cæsar, populos si nunc non usserit ignis,
  Uret cum terris, uret cum gurgite ponti.
  Communis mundo superest rogus, ossibus astra
  Misturus.   Bel. Civ. lib. 7.

en peu de mots, on ne sçait s'ils l'ont entendu à la maniere d'Epicure, ou suivant le systême des Stoïciens. Ceux-ci au reste n'ont pas été les premiers, qui ayent crû que le Monde périroit par le feu. Héraclite & Empedocle l'avoient soutenu avant eux (*a*); & Plutarque nous apprend (*b*), que cettte opinion se trouvoit contenue dans les Ouvrages d'Hésiode & dans ceux d'Orphée.

Quoique l'opinion de l'embrasement général de l'Univers soit du nombre de celles dont l'origine se perd dans l'Antiquité, nous pouvons cependant assurer, que parmi les Anciens, les Peuples chez lesquels elle paroît avoir été le mieux établie, sont les Syriens & les Phéniciens. Le Philosophe Zenon, chef des Stoïciens, étoit originaire de Phénicie; & l'on sçait que cette doctrine é-

(*a*) C'est ce que Diogene Laërce assure d'Héraclite. *Ex igne*, dit-il, *omnia constare* (dixit,) *in cumque resolvi omnia*. In Héracl.

(*b*) Plut. de Oracul. defectu.

toit commune en Syrie au tems de l'établissement de l'Evangile. Celse la regardoit dèflors comme une opinion très répandue (*a*); & un paſſage de Joſephe ne nous permet point de douter de ſon antiquité. Cet Hiſtorien rapporte (*b*) que les enfans de Seth, fils d'Adam, ayant appris de leur pere & de leur ayeul, que le Monde périroit par l'eau & par le feu, & voulant tranſmettre cette tradition à leur poſtérité, la graverent ſur deux colonnes qu'ils éleverent, dont l'une étoit de briques, & l'autre de pierres, afin que s'il arrivoit qu'un déluge ruinât la colonne de briques, celle de pierres pût réſiſter à la violence des eaux, & conſerver ainſi la mémoire de ce qu'ils avoient écrit. On aſſure, ajoute Joſephe, que cette colonne de pierres ſe voit encore aujourd'hui dans la Syrie. Il y auroit de la ſimplicité à croire, que cette colonne

―――――――――――
(*a*) Voyez Origen. *contra Celſ. lib.* 5. *cap.* 14.
(*b*) *Antiq. jud. lib.* 1. *cap.* 2.

qu'on voyoit en Syrie du tems de cet Historien, s'il est vrai qu'on y en vît une, fût l'ouvrage des enfans de Seth; mais on ne peut au moins s'empêcher d'être convaincu par ce récit, que la doctrine de l'embrasement futur de l'Univers étoit fort ancienne dans la Syrie.

Uniquement occupés du reglement des mœurs, les Stoïciens étoient d'une ignorance grossiere sur la Physique. Ils croyoient, à la vérité, comme les autres Philosophes, que les étoiles étoient des corps de feu; mais ils avoient en même tems sur ce sujet une opinion ridicule, qui leur étoit particuliere : ils s'imaginoient que ce feu des étoiles s'entretenoit & se nourrissoit des vapeurs qui s'élevent de la terre, de la mer & des eaux; & sur ce beau principe ils fondoient la cause de l'embrasement futur de l'Univers (*a*). Ils assuroient qu'a-

(*a*) *Sunt autem stellæ naturâ flammeæ*, leur fait dire Cicéron, de Nat. Deor. lib. 2. *Quo cir-*

près une longue suite d'années, la substance humide des eaux étant épuisée, & la terre se trouvant enfin desséchée, & hors d'état de fournir plus long-tems à la nourriture des Astres à cause de son aridité, le feu s'attacheroit à toutes les parties du Monde, & consumeroit toutes choses. Bérose ramenant tout à l'Astrologie judiciaire, selon la coutume des Chaldéens, soutenoit que la cause de l'embrasement du Monde seroit la conjonction des Planetes dans le signe du Cancer, de même que, selon lui, le déluge seroit causé par la conjonction des mêmes Planetes dans le signe du Capricorne (*a*).

---

sà terræ, maris, aquarum vaporibus aluntur iis, qui à Sole ex agris tepefactis & ex aquis excitantur: quibus altæ renovataque stellæ, atque omnis æther, refundunt eadem, & rursum trahunt indidem, nihil ut ferè intereat, aut admodùm paulùm, quod astrorum ignes & ætheris flamma consumat. Ex quo eventurum nostri putans, &c. Voyez pag. 73. N. (*a*).

(a) *Berosus, qui Belum interpretatus est, ait cursu ista* (conflagrationem mundi & diluvium)

Il n'y a nulle apparence, que ni les Syriens, ni les Phéniciens, ni ceux qui les premiers ont assuré que le Monde périroit par le feu, en ayent eu d'autre raison, qu'une opinion fort simple & très naturelle. On a toujours crû dans l'Antiquité, qu'à la fin du Monde le ciel & la terre se confondroient : Jesus-Christ dit positivement, qu'alors les Etoiles tomberont du ciel. C'étoit l'opinion commune ; & dans l'imagination des Peuples, il ne faut point chercher d'autre cause d'un embrasement général, que ce mêlange du ciel & de la nature. Quoique les Anciens ne donnassent pas aux étoiles leur juste grandeur, ils les

Syderum fieri ; & adeò quidem id essi mat, ut conflagrationi atque diluvio tempus assignet : arsura enim terrena contendit, quandò omnia sydera, quæ nunc diversos agunt cursus, in Cancrum convenerint, sic sub eodem posita vestigio, ut recta linea exire per orbes eorum possit ; inundationem futuram, cùm eadem syderum turba in Capricornum convenerit. Sénec. Nat. Quæst. lib. 3. cap. 29.

concevoient

concevoient cependant comme de vastes corps enflammés, & ils ne pouvoient sans doute imaginer qu'elles dussent tomber sur la terre, sans l'embraser en même tems, & la réduire en cendres.

Si le tems précis de la formation du Monde a toujours été regardé comme une chose qu'il étoit impossible de découvrir, on n'a pas jugé qu'il y eût moins d'impossibilité à déterminer sa durée, & à fixer l'instant de sa fin. Il n'y a rien dans toute l'Antiquité Payenne qui puisse nous faire penser, que jamais on se soit avisé de prescrire le moment au quel le Monde a commencé, ni celui auquel il doit finir. Les Juifs qu'on accusoit d'avoir fixé l'époque de l'origine du Monde, pour faire remonter la leur jusqu'à ce terme reculé, communiquerent cet esprit aux premiers Chrétiens. Ceux-ci, à l'exemple des autres, s'aviserent de marquer des bornes à la durée du Monde, comme les Juifs avoient désigné le moment de son commencement; & malheureusement pour eux, ils assurerent que sa derniere heure étoit prochaine. Ils joignirent à cette opinion hasardée une autre imagination aussi ridicule; & comme les Juifs avoient fait remonter l'origine de l'observation du Sabath jusqu'à la premiere semaine du Monde, les premiers Chrétiens judaïsant poufferent cette observation au-delà même de la fin du Monde. Ils oserent publier, qu'il ne dureroit qu'autant de milliers d'années, que Dieu avoit employé de jours à le former, c'est-à-dire, qu'il ne subsisteroit que pendant six mille ans; qu'au bout de ce terme, Jesus-Christ descendroit sur la terre, rassembleroit ses élûs, & célebreroit avec eux le grand Sabath pendant le cours de mille autres années, après lesquelles il les introduiroit dans les biens ineffables de l'Eternité.(a).

(a) *Arbitror ex hoc loco, & ex Epistolâ quæ nomine Petri Apostoli inscribitur, mille annos pro*

Cette opinion de la durée Sabbathique du Monde & du regne de mille ans étoit si commune, ou, pour mieux dire, si générale parmi les premiers Chrétiens, qu'il est étonnant que ceux qui vinrent ensuite ayent osé la rejetter. Eusebe dit que Papias Evêque d'Hieraple, & disciple des disciples des Apôtres, en étoit l'Auteur (*a*); mais on ne peut douter que les Apôtres mêmes ne l'eussent établie, & qu'elle ne fût aussi ancienne que le Christianisme. En effet le même Auteur nous apprend (*b*), que Papias a-

und die solitor appellari: ut scilicet quia mundus in sex diebus fabricatus est, sex millibus annorum tantùm credatur subsistere; & posteà venire septenarium numerum & octonarium, in quo verus exercetur sabbathismus. Hieron. Ep. ad Cypr. Presbyt.

(*a*) Ταῦτα δὲ ὁ Παπίας Ἰωάννου μὲν ἀκουστὴς Πολυκάρπου δὲ ἑταῖρος γεγονὼς, ἀρχαῖος ἀνήρ, ἐγγράφως ἐπιμαρτυρεῖ ἐν τῇ τετάρτῃ τῶν αὐτοῦ βιβλίων. Euseb. Præp. Ev. lib. 3. cap. 33.

(*b*) Eusebe, ubi suprà.

voit grand soin de s'informer de tout ce que les Apôtres avoient enseigné toutes les fois qu'il rencontroit quelqu'un qui eût vécu avec eux ; & Saint Irenée, disciple des disciples des Apôtres, est du même sentiment que Papias touchant le regne de mille ans. Il dit même positivement (*a*), que tous les Anciens qui avoient vû Saint Jean l'Evangeliste, assuroient qu'ils lui avoient souvent ouï dire, que Jesus-Christ s'étoit exprimé de la maniere suivante sur la nature du bon-

(*a*) *Prædicta itaque benedictio ad tempora regni sine contradictione pertinet, quando regnabunt justi surgentes à mortuis ; quando & creatura renovata & liberata, fructificabit universæ escæ ex rore cœli, & ex fertilitate terræ : quemadmodùm Presbyteri meminerunt, qui Joannem discipulum Domini viderunt, audisse se ab eo, quemadmodùm de temporibus illis docebat Dominus, & dicebat : veniens dies, in quibus vineæ nascantur singulæ dena millia palmitum habentes, & in uno palmite dena millia brachiorum, & in uno vero palmite dena millia flagellorum... Et cùm eorum apprehenderit aliquis sanctorum botrum, alius clamabit : Botrus ego melior sum ; me sume, per me Dominum benedic, &c.* Iren. adv. Hæres. lib. 5. cap. 33.

heur dont les justes devoient jouir alors: « Dans ces jours heureux chaque vigne » produira dix mille branches, chaque » branche dix mille grapes, & chaque » grape dix mille grains «; après quoi il s'étend, d'une maniere puérile sur le détail de la multiplication des fruits: par où i paroît, pour le dire en passant, que les premiers Chrétiens avoient une idée fort grossiere & très-charnelle de ce regne de Jesus-Christ sur la terre.

Mais comme ce n'est point ici le lieu d'examiner plus à fond cette question du regne terrestre de Jesus-Christ, il suffit de dire, que les Chrétiens des premiers siecles sortis des Juifs pour la plûpart, & prévenus par conséquent d'un respect superstitieux pour l'observation du Sabath, croyoient que le Monde ne dureroit que six mille ans, au bout desquels arriveroit l'embrasement du ciel & de la terre. Et comme ils suivoient la chronologie des Septante, selon laquelle le Monde avoit déja duré cinq mille huit cens ans, ils s'imaginoient que la fin n'étoit pas fort éloignée. C'est pour cette raison, qu'ils attribuoient les mortalités & les calamités publiques à la vieillesse du Monde, qui au rapport de Saint Cyprien (*a*), n'avoit plus la même vigueur qu'autrefois, & étoit tombé dans la caducité. Ils étoient continuellement dans l'attente de l'Antechrist, & dans l'appréhension des malheurs sans nombre, que cet ennemi de Dieu devoit causer à l'Eglise. Tertullien disoit, que les Chrétiens prioient pour la durée de l'Empire Romain, parce que sçachant certainement que l'Univers finiroit avec lui, ils vouloient éloigner par leurs prieres les maux dont les

―――――――――――
(*a*) *Quia ignarus divinæ cognitionis, & veritatis alienus es, illud primo in loco scire debes, enuisse jam mundum, non illis viribus stare, quibus prius steterat, nec vigore & robore eo valere, quo anteà prævalebat.* Cyprian. ad Demet.

hommes étoient menacés à la fin du monde (*a*).

Nous devons ajouter avant que de finir ce Chapitre, que jamais on ne s'eft imaginé dans l'Antiquité que le Monde dût retomber un jour dans le néant. Ceux des Philofophes qui donnoient à l'Univers un commencement, comme ceux qui tenoient pour fon éternité, les Stoïciens ainfi que les Atomiftes, étoient également perfuadés que le Monde ne

---

(*a*) *Eft & alia major neceffitas nobis orandi pro Imperatoribus, etiam pro omni ftatu Imperii, rebusque Romanis, quod vim maximam univerfo orbi imminentem, ipfamque claufulam fæculi acerbitates horrendas comminantem, Romani Imperii commeatu fcimus retardari.* Tertul. Apol. cap 31. & lib. contra Scap. cap. 3. *Chriftianus nullius eft hoftis, nedum Imperatoris, quem fciens à Deo fuo conftitui, neceffe eft ut & ipfum diligat, . . . & falvum velit, cum toto Romano Imperio, quousque fæculum ftabit : tandiu enim ftabit.*

C'eft en ce fens que Lactance dit, Divin. Inftit. lib. 7. cap. 25. *Incolumi Româ nihil videtur metuendum : at verò cùm caput illud orbis occiderit, & ῥύμη effe cœperit, quod Sibylla fore aiunt, quis dubitet veniffe jam finem rebus humanis, orbique terrarum.*

seroit jamais réduit à rien (*a*) ; & si quelques-uns d'eux lui attribuoient une fin, ils la regardoient comme un changement qui devoit arriver à sa forme, & non pas comme une destruction de sa substance. Les premiers Chrétiens étoient dans la même opinion sur la fin du Monde. Ils croyoient que l'embrasement général le purifieroit seulement, & changeroit sa forme sans anéantir sa matiere. Ils esperoient que Dieu formeroit ensuite un nouveau ciel & une nouvelle terre,

(*a*) C'est le principe de Lucrece, qui l'exprime ainsi dans son premier Livre :
At nunc inter se quia nexu principiorum
Dissimiles constant, æternaque materies est ;
Incolumi remanent res corpore . . . . . .
Haud igitur redit ad nihilum res ulla . . .
Haud igitur penitùs pereunt quæcumque videntur :
Quandò aliud ex alio reficit natura ; nec ullam
Rem gigni patitur, nisi morte adjutam aliena.

où ils habiteroient éternellement ; & ils fondoient ce sentiment sur une infinité de passages de l'Ecriture ? » Je vais créer, » dit Dieu dans Isaïe (*a*), de nouveaux » cieux & une nouvele terre, & ensé- » velir dans l'oubli tout ce qui a précedé «. Il est aussi écrit dans l'Apocalypse : » j'ai vû un nouveau ciel & une nou- » velle terre (*b*) : car le premier ciel & » la premiere terre s'étoient évanouis « ; & on lit dans Saint Pierre les paroles suivantes » : nous attendons de nou- » veaux cieux & une nouvelle terre (*c*) » en vertu des promesses de celui en qui » la vérité réside. « Saint Jérôme accuse Origene d'avoir admis une infinité de

(*a*) *Ecce enim ego creo cœlos novos, & terram novam ; & non erunt in memoriâ priora.* Is. cap. 65. vers. 17.

(*b*) *Et vidi cœlum novum & terram novam : primum enim cœlum & prima terra abiit.* Apocal. cap. 21. vers. 1.

(*c*) *Novos verò cœlos, & terram novam, secundùm promissa ipsius expectamus, in quibus justitia habitat.* 2. Pet. cap. 3. vers. 13.

Mondes, non à la maniere des Epicuriens qui en reconnoissoient une infinité subsistante actuellement, mais en supposant qu'ils auroient lieu successivement, & l'un après l'autre (*a*). Ce qu'il y a de certain, est qu'Origene paroît supposer la préexistence de la matiere dans une de ses Homélies; & dans ses Principes il dit formellement, que le Monde ne sera pas anéanti, & qu'il changera seulement de forme (*b*). Enfin Saint Augustin, qui vivoit dans un siecle où la doctrine de l'Eglise étoit déja très-épurée, n'avoit point d'autre sentiment. » « Le Monde finira, dit-il (*c*), non par

(*a*) Ce n'est pas Saint Jerôme qui l'en a accusé, mais Theophile d'Alexandrie, *Libro Paschali* 1. traduit par Saint Jérome.

(*b*) *Si enim mutabuntur cœli, utique non perit quod mutatur; & si habitus mundi transit, non omnimodè exterminatio, vel perditio substantiæ materialis ostenditur: sed immutatio quædam fit qualitatis, atque habitûs transformatio.* Origen. de Princip. lib. 1. cap. 6.

(*c*) *Et in litteris quidem sacris....legitur:*

» une destruction totale, mais seulement
» par un changement de sa forme. C'est
» pourquoi l'Apôtre a dit: la figure de
» ce Monde passe. Il n'y aura donc que
» la forme ou la figure du Monde qui
» passera, & sa substance ne passera
» point. « De ce qui vient d'être dit
concluons, que quoique les Chrétiens
soutinssent que le Monde avoit été autrefois tiré du néant, ils convenoient cependant avec les Payens que jamais il
ne seroit anéanti.

Præterit figura hujus mundi ; legitur : Mundus transit; legitur Cœlum & terra transibunt; sed puto quòd præterit, transit, transibunt, aliquantò mitiùs dicta sunt, quàm peribunt. August. de Civ. Dei, lib. 10. cap. 24.

CHAPITRE IV.

Ce que les Anciens ont pensé de la Terre, & de leur Géographie.

DÉMOCRITE avoit raison de reprocher aux Philosophes de son tems, qu'ils s'amusoient à contempler les Astres, pendant qu'ils négligeoient la connoissance de ce qui étoit sous leurs pieds. L'ordre naturel sembloit en effet exiger d'eux, qu'ils s'appliquassent à connoître la Terre qu'ils habitoient, avant que de s'occuper à observer les Cieux qu'ils ne voyoient que dans l'éloignement. Ils devoient sans doute travailler d'abord à se rendre bons Géographes, après quoi ils auroient pû songer à devenir Astronomes. Cependant soit qu'on eût négligé à dessein des connoissances, qui dans ces tems reculés ne paroissoient pas faciles à acquerir, soit qu'on les regardât alors comme toutes acquifes, en prenant pour une vérité certaine la fauffe opinion dans laquelle on fut fi long-tems fur ce qui regarde la Terre, il eft certain qu'on avoit déjà fait beaucoup de progrès dans la fcience des Aftres, lorfque le Monde étoit encore fort ignorant fur la Géographie.

Nous avons vû dans les Chapitres précédens quelle étoit l'opinion des Anciens fur la place que la Terre occupe dans cet Univers. L'amour propre qui ramene ordinairement tout à foi, ayant fait croire aux hommes que le Soleil, la Lune, les Etoiles, & généralement toutes chofes ont été formées pour eux, en partant de ce principe, ils ont regadé la Terre qui les foutient comme la plus noble partie de l'Univers: ils l'ont placée au centre du Monde, comme dans le lieu le plus honorable; & leurs fens s'acordant parfaitement avec cette manière de penser ; leurs yeux les ont entretenus dans une erreur qui flattoit agréablement leur vanité. Ainsi non-seulement les Egyptiens, les Chaldéens, les Libyens & les autres anciens Astronomes, mais même, si on en excepte quelques-uns des Philosophes Grecs dont j'ai parlé (*a*), on peut dire généralement tous les hommes dans tous les tems ont crû que la Terre occupoit le centre du Monde.

Quoique quelques-uns par un goût particulier pour la figure conique, qu'ils regardoient comme la plus parfaite, ayent assuré que l'univers avoit cette forme, il est cependant très-certain, qu'en général on a crû le Monde sphérique, le mouvement circulaire des Astres ne permettant pas aux Anciens d'être dans un autre sentiment : du moins la figure sphérique est celle qu'on lui a commu-

(*a*) Voyez le premier Chapitre.

nément attribuée, comme s'accordant mieux avec les observations, & convenant d'ailleurs aux Allégoristes, qui trouvoient dans cette figure des propriétés & des perfections, qui ne se rencontrent point dans toutes les autres.

A l'égard de la Terre (*a*), on ne peut douter que les premiers hommes jugeant de sa figure par celle du pays qui les environnoit, & ne poussant pas encor leurs raisonnemens plus loin que la portée de leur vûe, n'ayent crû quelle étoit ronde & plate à peu près comme une table. Les sens nous portent naturellement à penser ainsi. C'étoit là l'opinion d'Homere & de tous les anciens

(*a*) Les opinions différentes des Philosophes sur la figure de la Terre, se trouvent réunies dans l'ancien Auteur de l'Histoire Philosophique, qui en parle en ces termes : Θαλῆς, ᾗ οἱ ἀπ' αὐτῦ, σφαιροειδῆ τὴν γῆν νομίζυσιν : Ἀναξίμανδρος δέ, λίθῳ κίονι τῇ περιφερείᾳ ἐκ τῶν ἐπιπέδων. Ἀναξιμένης, Τραπεσοειδῆ ; Λεύκιππος,

Poëtes, comme Geminus l'a observé (*a*), & la plûpart des hommes penseroient encore aujourd'hui de même, s'ils n'entendoient dire le contraire. On est sorti de très-bonne heure de cette erreur grossiere; & le premier fruit qu'on a tiré des observations Astronomiques, a été de donner en particulier à la Terre la même forme qu'on attribuoit à l'Univers en général, c'est-à-dire la figure sphérique. On concevoit donc la Terre comme un vaste globe immobile placé au centre du Monde, & environné d'un air immense, au dessus duquel rouloient les huit spheres célestes. C'est ainsi que les Egyptiens, les Chaldéens, les Libyens & les autres Peuples qui se sont appliqués les premiers à connoître la structure de l'Univers,

τυμπανοειδῆ τῷ πλάτει, κοίλην δὲ τῷ μεγέθει.

(*a*) Ὅμηρος μὲν γὰρ, καὶ οἱ ἀρχαῖοι ποιηταὶ σχεδὸν, ὡς εἰ πᾶν, πάντες ἐπίπεδον ὑφίσανται τὴν γῆν. *Gemin. cap.* 13.

ont pensé en général sur la figure de la Terre.

Pour ce qui regarde plus particuliérement la superficie du globe terrestre, je veux dire, la situation différente des terres & des mers, des continens & des isles, la difficulté des voyages d'une région à l'autre, & l'art de la navigation qui a été longtems à se perfectionner, ont laissé les hommes qui nous ont précédés dans une ignorance extrême sur tous ces chefs. C'est aux derniers siecles que ces connoissances étoient réservées. Depuis deux cens ans nous avons fait plus de découvertes dans la Géographie, que nos Ancêtres n'avoient pû en imaginer dans l'espace de six mille; & quoiqu'on n'ait pas encore porté cette science à son plus haut point de perfection, à en juger par les progrès étonnans qu'on y a fait en si peu de tems, nous pouvons nous flatter, que la curiosité de nos Voyageurs, l'habileté de nos Pilotes & l'application de nos Astronomes, ne laisseront d'autre soin à la postérité, que celui de jouir du fruit de leurs travaux, & de profiter de leurs connoissances.

Les Anciens divisoient le globe terrestre en cinq Zones (*a*), ou cinq parties comprises entre les deux Poles, comme nous l'avons fait depuis. Ils donnoient à ces Zones les mêmes noms, qu'elles portent encore de nos jours; mais ils en

---

(*a*) Utque duæ dextrâ Coelum totidemque sinistrâ

Parte secant Zonæ, quinta est ardentior illis:
Sic onus inclusum numero distinxit eodem
Cura Dei, totidemque plagæ tellure premuntur;
Quarum quæ media est, non est habitabilis æstu:
Nix tegit alta duas; totidem inter utramque locavit,
Temperiemque dedit, mistâ cum frigore flammâ.

Ovid. Metam. lib. 1.

croyoient deux seulement habitées: le froid excessif ou des chaleurs extrêmes ne permettoient pas d'habiter les trois autres. C'est ainsi qu'en parlent Cicéron, Virgile, Ovide, Strabon, Mela, Pline, &c sans un passage de Géminus, nous pourrions assurer hardiment que c'étoit là le sentiment général des Anciens. Cet Auteur soutient dans ses Elémens d'Astronomie (a), que la Zone torride n'est point inhabitable, parce que, dit-il, on a déja découvert sous cette Zone des pays où l'on a trouvé des habitans. Il nous apprend en même tems que Polybe avoit composé un livre, où il prouvoit qu'il devoit faire moins chaud directement sous la ligne qu'aux extrémités de la Zone torride; ce qu'il prouvoit par le témoignage de plusieurs personnes, qui avoient pénétré jusques là. Pour ce qui est des

(a) Cap. 13. Geminus étoit contemporain de Sylla & de Cicéron.

Zones froides, toute l'Antiquité les a toujours crûes inhabitables.

On doit encore obferver que ce n'eft que par le raifonnement, & par la connoiffance que les Anciens avoient de la figure fphérique de la Terre, qu'ils croyoient que la Zone tempérée méridionale pouvoit être habitée. Ils fçavoient que cette Zone étant à une même diftance de l'Equateur que la feptentrionale qu'ils occupoient, on devoit par conféquent y jouir d'une même température d'air : d'où ils concluoient, que l'une de ces Zones étant habitée, l'autre pouvoit l'être de même. Du refte ils n'avoient aucune certitude qu'elle le fût; & ce n'étoit que par conjecture & par vraifemblance qu'ils étoient dans cette opinion, à peu près comme ces Philofophes qui foutenoient qu'il y avoit des Habitans dans la Lune.

Il eft conftant que jamais les Anciens

n'ont eu aucune connoissance des pays situés au delà de la Ligne. Ils n'avoient aucun commerce avec les habitans de ces pays, & ne pensoient pas même qu'il fût possible d'en avoir aucun. » Lors- » que nous parlons, dit Géminus (*a*), » des habitans de la Terre Australe, ce » n'est pas comme assurant certainement » que cette Zone soit habitée ; nous sup- » posons seulement qu'elle peut l'être : » car jamais nous n'avons rien appris » touchant cette Zone. « Ciceron parle encore plus positivement. » Voyez, fait-il » dire à Scipion (*b*.), voyez la Terre » comme environnée de cinq Zones, des- » quelles il n'y en a que deux d'habitées ; » encore les hommes qui occupent la

___
(*a*) Geminus, *ibid.*

(*b*) *Cernis terram eandem, quasi quibusdam redimitam & circumdatam cingulis ; è quibus duos maximè inter se diversos .... obriguisse pruinâ vides . . . . Duo sunt habitabiles ; quorum Australis iste, in quo qui insistunt, adversa vobis urgent vestigia, nihil ad vestrum genus.* Cic. in Somn. Scip.

G ü j

» méridionale, sont-ils d'une espece qui
» n'a rien de commun avec la vôtre ? «
Pline parlant des Zones tempérées, dit
de même qu'elles sont inaccessibles l'une à
l'autre, à cause de la chaleur du Soleil qui
brûle celle dont elles sont séparées (*a*).
Macrobe enfin s'étendant davantage sur
ce sujet, assure que les habitans de ces
deux Zones tempérées n'ont jamais eu
de commerce ensemble, & qu'il est
même impossible qu'ils en ayent aucun,
à cause des chaleurs excessives de celle
qui les divise. (*b*).

(*a*) *Circà duæ restium inter exustam & rigentes temperantur ; eæque ipsæ inter se non perviæ propter incendium syderum.* Plin. Hist. lib. 2. cap. 68.

(*b*) *Licet igitur sint hæ (Zonæ) mortalibus ægris munere concessa Divûm, quas diximus esse temperatas, non tamen ambæ Zonæ hominibus nostri generis indultæ sunt, sed sola superior incolitur ab omni, quale scire possumus, hominum genere, Romani Græcive sint, vel barbaræ cujusque nationis. Illa verò solâ ratione intelligitur, quòd propter similem temperiem similiter incolitur : sed à quibus, non licuit unquam nobis, nec licebit agnoscere. Interjecta enim torrida utrique ha-*

Outre les ardeurs brûlantes du Soleil, les Anciens avoient encore une autre raison de croire que ces deux Zones étoient inaccessibles l'une à l'autre. Ils étoient persuadés que l'Océan environnoit toute la Terre, & que s'étendant sous la Ligne de l'Occident à l'Orient, il partageoit en deux le globe tereftre, divisant ainsi les deux Zones temperées. C'est pour cela, selon Geminus (*a*), qu'Homere & les anciens Poëtes disoient que le Soleil se levoit de l'Océan, & s'y couchoit. Les Prêtres d'Egypte, au rapport d'Hérodote (*b*), assuroient que le Nil tiroit sa source de l'Océan, & que l'Océan entoure toute la Terre. Ovide dit que Vul-

---

minum generi commercium ad se denegat commeandi. Macrob. in Somn. Scip. lib. 1.

(*a*) Geminus, *ubi suprà*.

(*b*) *Altera opinio est, incredibilior quidem, quàm hæc quæ dicta est, dicta tamen admirabilior, quæ ait, illum* (Nilum) *quòd ab Oceano fluat, istud efficere: Oceanum verò totam terram circumfluere.* Herodot. lib. 2.

cain avoit gravé sur les portes du Palais du Soleil l'Océan, qui environnant toute la Terre, la divise en deux parties égales (*a*). Horace l'appelle du nom d'environnant (*b*); & par la même raison Ciceron & Strabon assurent que la Terre que nous habitons est une isle (*c*). Les premiers Chrétiens mêmes n'étoient pas dans une autre opinion. Saint Clement appelle les pays situés sous la Zone Australe tempérée, les Mondes qui sont au delà de

(*a*) . . . . Mulciber illic
Æquora cœlarat medias cingentia terras.
Ovid. Metam. lib. 2

(*b* Nos manet Oceanus circumvagus.
Horat. Epod. 6.

(*c*) *Omnis enim terra, quæ colitur vobis, parva quædam insula est, cicumfusa illo mari, quod Atlanticum, quod magnum, quod Oceanum appellatis.* Cic. in Somn. Scip. V, & Strabon. lib. 2. Apulée s'étend davantage sur ce sujet. *Nec sum nescius*, dit-il, *de Mund. plerosque hujus operis Auctores terrarum orbem ita divisisse, partem ejus insulas esse, partem verò continentem vocari; nescii omnem hanc terrenam immensitatem Atlantici maris ambitu coerceri, insulamque hanc unam esse cum insulis omnibus.*

l'Océan (*a*). Origenes dit à ce sujet, que saint Clément a fait mention de ceux que les Grecs nomment Antichtones, qui habitent un endroit de la Terre, entre lequel & celui que nous occupons il ne peut y avoir de communication (*b*). Saint Augustin confondant les Antichtones avec les Antipodes, étoit si persuadé que les deux Zones tempérées étoient incommunicables entr'elles, qu'il soutenoit que la Zone Australe n'étoit point habitée, parceque les hommes qui l'occuperoient ne seroient pas descendus d'Adam. Car dit ce Pere, il est absurde de croire, qu'on ait pû traverser l'immensité de l'Océan

(*a*) Ἀλλὰ κἂν τῇ πρὸς Κορινθίους Ῥωμαίων ἐπιστολῇ, ὠκεανὸς ἀπέραντος ἀνθρώποις γέγραπται, κ̀ οἱ μετ' αὐτὸν κόσμοι. *Clem. Alex. Strom. lib.* 5. *cap* 12.

(*b*) *Meminit sanè Clemens Apostolorum discipulus eorum, quos* ἀντίχθονας *Græci nominarunt, atque alias partes orbis terræ, ad quas neque nostrorum quisquam accedere potest, neque ex illis, qui ibi sunt, quisquam transire ad nos.* Origen. de Princip. lib. 2. cap. 3.

(*a*). Les Stoïciens de leur côté donnoient une raison physique, de ce que l'Océan s'étendoit ainsi sous l'Equateur. Nous avons dit que ces Philosophes s'imaginoient, que le feu des Astres se nourrissoit des vapeurs & des exhalaisons de la Terre (*b*). C'étoit donc, selon eux, pour cette raison, que l'Océan s'étendoit sous la Ligne, afin d'être toujours à portée de fournir au Soleil, à la Lune & aux autres Planetes, la nourriture dont elles avoient besoin.

La même raison qui avoit fait imaginer des Antichtones, ou des Habitans de la Zone Australe temperée, avoit fait juger qu'il y avoit aussi des Antipodes, c'est à di-

(*a*) *Quòd verò & Antipodas fabulantur . . . nullâ ratione credendum est . . . nimisque absurdum est, ut dicatur, aliquos homines ex hâc in illam partem, Oceani immensitate trajectâ, navigare ac pervenire potuisse; ut etiam illic ex uno illo primo homine genus institueretur humanum.* August. de Civ. Dei, lib. 16. cap. 19.

(*b*) Voyez le Chapitre précédent.

re des Habitans du point de la Terre diamétralement opposé à nos pieds dans l'autre hémisphere. La figure sphérique de la Terre portoit à conjecturer l'un & l'autre; mais on n'en avoit aucune certitude. Les Stoïciens croyoient qu'il y avoit des Antipodes (*a*) : cependant Pline n'ose le décider (*b*), & il est certain qu'on en parloit avec encore plus de réserve, que des Antichtones. Les premiers Chrétiens persuadés que cette opinion ne s'accordoit pas aisément avec l'Ecriture, la regardoient comme une rêverie des Philosophes. C'est ainsi, comme on vient de le voir, que saint Augustin s'en explique. Lactance traite ce sentiment d'extravagant (*c*). Vigile Evêque de Thapse fut autrefois excommunié par le Pape Zacharie pour l'avoir soutenu; & quicon-

(*a*) *Nonne etiam dicitis, esse è regione nobis, è contrariâ parte terræ, qui adversis vestigiis stent contra nostra vestigia, quos Antipodas vocatis ?* Cic. Acad. Quæst. lib. 4.
(*b*) Plin. *Hist.* lib. 2. cap. 65.
(*c*) Lactan. *Divin. Institut.* lib. 3. cap. 24.

que eût été dans la même opinion avant la découverte de l'Amérique, n'eût pas manqué d'être regardé comme un hérétique. On ne connoissoit donc autrefois qu'une seule partie de la Terre comprise sous la Zone tempérée septentrionale; encore s'en falloit-il beaucoup, comme on va le voir, que tous les pays que cette Zone renferme fussent parfaitement connus.

Quoique ce ne soit pas mon dessein d'entrer dans le détail de la Géographie ancienne, il est cependant à propos que j'en dise ici quelque chose, afin d'en donner au moins une idée générale.

Les Anciens divisoient la Terre connue de leur tems en trois parties, qu'ils nommoient Europe, Asie & Libye, ou Afrique (*a*). On ignore la raison, qui a fait autrefois appeller ainsi ces trois

(*a*) Διαιρεῖται δὲ ἡ καθ' ὑμᾶς οἰκουμένη εἰς μέρη τρία, Ἀσίαν, Εὐρώπην, Λιβύην. *Geminus: cap. 13.*

parties du Monde : Hérodote dit qu'on ne nous débite que des fables à ce sujet (*a*), & il faut l'en croire. Ces mêmes noms leur sont restés depuis, avec cette différence qu'on les donne aujourd'hui à des pays beaucoup plus étendus.

Du tems de Geminus, tout ce que l'on connoissoit de la Terre occupoit un espace deux fois plus long que large (*b*), & comprenoit environ les deux tiers de l'Europe, le tiers de l'Afrique & à peu près le quart de l'Asie.

Selon notre Géographie moderne, en Europe, l'Espagne, les Gaules, l'Italie, l'Allemagne jusqu'à l'Elbe, la Hongrie, quelque partie de la Pologne & de la Lithuanie, la Macédoine & la Grece que nous appellons Turquie d'Europe, étoient connues aux Anciens. Nous pouvons y ajouter les Isles Britanniques, quoique

─────────────
(*a*) Hérodot. *lib.* 4.
(*b*) Geminus, *ubi suprà.*

Dion nous apprenne (*a*), que ce fut seulement sous l'Empire de Tite, qu'il fut pleinement avéré que la Grande Bretagne étoit une Isle. Celle de Thulé, qu'on croit aujourd'hui Thilentel, la plus septentrionale des Orcades, étoit pour les Anciens l'extrémité du monde (*b*); & l'Islande, que quelques uns ont prise mal-à-propos pour l'ancienne Thulé, leur étoit inconnue, ainsi que la Scandina-

(*a*) *Eodem tempore alterum bellum extitit in Britanniâ, quo bella Cn. Jul. Agricola regionem hostium vastavit, primusque omnium Romanorum, quòd sciamus, Britanniam circumfusam esse mari undique cognovit.* Dio. Epit. lib. 11.

(*b*) *Ultima omnium, quæ memorantur, Thule.* Plin. Hist. lib. cap. 30.

Solin dit la même chose : mais Strabon rapproche les bornes du Monde de ce côté-là, & ne reconnoît aucun pays découvert au-delà de l'Ecosse. *Pytheas Massiliensis*, dit-il, liv. 2. *circa Thulen Britannicarum insularum septentrionalissimam ultima ait esse ; de reliquis nihil narrat, neque quòd insula sit Thule, neque ultrum eò usque habitationes pertingant. Ego autem illum septentrionalem finem multò propius meridiem versus existimo : qui enim hodiè terras perlustrant, ultra Hiberniam nihil possunt referre.*

vie, tout le Nord de l'Allemagne, la plus grande partie de la Pologne, & la Moscovie entiere.

A l'égard de l'Afrique, ils n'en connoissoient que le côté septentrional, sous les noms de la Numidie, des deux Mauritanies, de la Libye Cirénaïque & de l'Egypte, en suivant la côte depuis Maroc jusqu'à la mer rouge. Ils appelloient Garamantes les Peuples qui demeuroient au Midi de la Mauritanie & de la Numidie, & nommoient Ethiopiens tous ceux qui habitoient au Midi de la Libye & de l'Egypte, & qui occupoient le reste de l'Afrique (*a*).

Enfin en Asie tous les petits Royaumes compris sous le nom de Turquie Asiatique leur étoient connus, ainsi que la Colchide située entre le Pont-Euxin

___

(*a*) *Proxima Africæ incolitur Ægyptus, introrsus ad meridiem recedens, donec à tergo prætendantur Æthiopes.* Plin. Hist. lib. 5. cap. 9.

(112)

& la mer Caspienne, l'Arabie, la Perse, & une partie de l'Inde. Si l'on pouvoit ajouter foi à ce que les Historiens ont écrit d'Alexandre, on croiroit que ce Prince auroit pénetré jusqu'au Gange, ainsi que Bacchus avoit fait, dit-on, avant lui. Mais il y a peu d'apparence qu'il ait poussé si loin ses conquêtes. De la maniére dont tous les Anciens ont parlé de ce fleuve, on voit clairement qu'ils n'en ont jamais bien connu le cours ni la situation. Quoiqu'il en soit, il est très-certain qu'ils n'avoient qu'une notion très-confuse des pays situés au-delà de l'Indus, & qu'ils n'en avoient nulle de ceux qui sont au-delà du Gange. (*a*).

Les Anciens donnoient indistinctement à tous les Habitans des pays qui ne leur

---

(*a*) *Sed undè constant gentes, Emodi montes assurgunt, Indorumque gens incipit.... usque ad Indum amnem, qui est ab Occidente finit Indiæ.... Non tamen est diligentia locus, adeò diversa & incredibilia traduntur.* Plin. Hist. lib. 6. cap. 21.

étoient

étoient pas connus, les noms généraux d'Indiens, de Scythes, d'Hyperboréens & d'Ethiopiens. Ils comprenoient sous le nom d'Indiens les peuples qui habitoient aux environs & au delà de l'Indus, & généralement tous les peuples Orientaux. Ils appelloient Scythes ceux qui étoient situés au delà du Pont-Euxin & de la mer Caspienne, & qui occupoient tout le Nord de l'Asie (*a*). Les Hyperboréens étoient les Habitans de l'Allemagne Septentrionale, de la Pologne & de la Moscovie (*b*). Enfin sous le nom d'Ethiopiens étoient compris, comme je viens de le dire, tous les Peuples méridionaux de l'Afrique, depuis environ les 26 de-

(*a*) *Ultra (Tanaïm) sunt Scytharum populi.* Plin. Hist. lib. 6. cap. 1. & Strab. lib. 11. *Veteris Græcorum Scriptores universas gentes septentrionales Scytharum & Celti-scytharum nomine affecerunt.*

(*b*) *Pone eos montes (Riphæos,) ultraque Aquilonem gens felix, si credimus, quos Hyperboreos appellavere, annoso degis ævo, fabulosis celebrata miraculis.* Plin. Hist. lib. 4. cap. 26. *V.* Strab. lib. 1.

H

grés de Latitude septentrionale & au-delà.

Je parlerai bientôt de la fameuse Isle Atlantique. A l'égard de la Taprobane (*a*), on ne peut faire aucun fond sur ce qui se lit aujourd'hui dans les Anciens au sujet de cette Isle, que quelques uns ont crû assez légérement être celle de Ceylan, & d'autres avec encore moins de fondement la grande Isle de Sumatra. Que quelques vaisseaux ayent été autrefois jettés sur les côtes de ces Isles, je n'y vois point d'impossibilité; mais on n'en a aucune certitude: on n'y voit pas même d'apparence. Néarque & Onésicrite, Amiraux d'Alexandre, s'embarquerent par ordre de ce Prince, & revinrent quelque tems après avec une relation de leur voyage toute remplie de fables, ainsi que Strabon le leur reproche (*b*). Cependant sur leur

___

(*a*) Voyez au sujet de l'Isle de Taprobane, Pline, liv. 6. ch. 24. Strabon, liv. 15. Mela, lvi. 3. ch. 1. Solin, ch. 53.

(*b*) *Quicumque de India scripsére, plercque*

témoignage, & sur celui d'un certain Jambole (*a*), dont la relation paroît encore plus extravagante, on prétend aujourd'hui fonder quelque certitude sur la Taprobane des Anciens, qui ne peut raisonnablement passer que pour un pays imaginaire, ainsi que les Isles fortunées autrefois si célebres.

A ce que je viens de dire de la Géographie des Anciens, je dois ajouter qu'ils avoient comme nous l'usage des Cartes Géographiques. Anaximandre, Disciple de Thalès, est fameux par sa sphere & par sa Carte générale de la Terre (*b*). Eratosthene corrigea depuis cette Carte

---

mentiti sunt, præ reliquis Daïmachus, proximè Megasthenes, Onesicritusque & Nearchus, aliique tales. Strab. lib. 2.

(*a*) Voyez ce qu'en dit Diodore, liv. 3.

(*b*) *Illustres sunt etiam qui eum (Homerum) secuti sunt, viri magni nominis, & Philosophiæ familiares. Quorum duos post Homerum primos Eratosthenes ait fuisse Anaximandrum Thaletis discipulum & Hacatæum Milesium: quorum ille primus Geographicam ediderit Tabulam* Strab. lib. 1.

H ij

d'Anaximandre, qui étoit très-fautive & fort imparfaite; & Hiparque corrigea celle d'Eratosthene. On sçait ce que Socrate dit un jour à Alcibiade (*a*), qui tiroit vanité du nombre de ses Terres & de leur étendue. Ce Philosophe présentant à son Disciple une Carte du Monde, lui dit de montrer la Grece sur cette Carte; ce qu'Alcibiade ayant exécuté, Socrate le pria de lui indiquer de même la position des terres qu'il avoit dans l'Attique. Mais Alcibiade ayant répondu, qu'elles n'étoient pas assez considérables pour être marquées sur la Carte: Puisque vos terres, quoique fort étendues, repliqua Socrate, ne peuvent pas trouver place dans une Carte, jugez de celle que vous devez occuper dans le monde, vous qui n'êtes qu'un homme. Florus dit (*b*)

(*a*) Voyez Plutarque, *in Alcibiad.*
(*b*) *Faciam quod solent, qui terrarum situs pingunt : in brevi quasi tabella totam ejus imagine amplector.* Flor. Præf. lib. 1.

au commencement de son Abregé, qu'il va imiter ceux qui ont coutume de représenter tous les pays de la Terre sur une petite Carte, en faisant de toute l'Histoire un tableau en racourci. Plutarque au commencement de la vie de Thésée, compare aussi l'Histoire à une Carte de Géographie (*a*); & Varron nous apprend (*b*), qu'il trouva un jour C. Fundanius son beau-pere occupé à considérer une Carte de l'Italie, qu'on avoit tracée sur une muraille.

Il est donc constant que les Anciens avoient comme nous l'usage des Cartes, tant générales que particulieres. Celles-ci pouvoient être assez exactes : à l'égard des

---

(*a*) Ὥσπερ ἐν ταῖς γεωγραφίαις . . . . οἱ ἱστορικοί, &c. *Plut. in Thes.*

(*b*) *Offendi ibi (in æde Telluris) C. Fundanium socerum meum, & C. Agrium Equitem Romanum Socraticum, & Publ. Agrasium Publicanum, spectantes in pariete pictam Italiam.* Var. de Re rust. lib. 1. cap 2.

autres, elles contenoient certainement, ou beaucoup de vuide, ou beaucoup d'imaginaire & de fabuleux. Le peu d'habileté qu'ils avoient dans l'art de la Navigation, qu'on peut nommer la source de la connoissance des pays éloignés, étoit pour eux un obstacle insurmontable à la découverte des Régions distantes de celles qu'ils habitoient. On felicitoit les premiers Empereurs Chrétiens sur ce que leurs vaisseaux avoient osé naviger sur l'Océan pendant l'Hiver. On attribuoit cet avantage à une protection particuliere de Dieu, qui par là récompensoit leur zele pour la propagation de la foi; & on regardoit le succès de ces entreprises comme des évenemens merveilleux, qui n'avoient point eu d'exemple, & qui n'en auroient jamais. C'est ainsi que Firmicus s'en explique (*a*).

(*a*) *Ut virtutibus vestris gloria major accederet, mutato ac contempto temporum ordine, hyeme, (quod nec factum est aliquando, nec fiet,)*

Il n'est pas surprenant que les Anciens ayent toujours parlé de l'Océan avec la même emphase à peu près, que du Stix ou de l'Acheron. Il n'y a pas trois cens ans, que nos Navigateurs osoient à peine s'écarter de ses bords. Enfin nous pouvons légitimement croire, que si l'invention de la Boussole n'eût perfectionné l'art de la Navigation, nous serions encore aujourd'hui à peu près dans la même ignorance, où sont restés si long-tems les hommes qui nous ont précedés, sur ce qui regarde la plus grande partie de la Terre.

tumentes ac sævientes undas calcastis Oceani sub remis vestris. Quid amplius vultis ? Virtutibus vestris villa clementa cesserunt. Jul. Firm. de erore profan. Relig.

CHAPITRE V.

Des révolutions ausquelles les Anciens ont crû la Terre sujette.

IL n'y a rien dans l'Univers, qui ne soit sujet au changement. C'est à la vicissitude, que tous les Etres doivent leur origine, comme elle est la cause de leur destruction. Lorsqu'Homere appelle l'Océan le pere des Dieux, il s'explique, dit Platon (*a*), d'une maniere allégorique, & veut dire par là que tout est produit par cette vissitude éternelle de la nature, qui nous est représentée par le flux & le reflux de la Mer. Les Anciens n'ont point exempté la Terre du changement, auquel ils ont crû que toutes choses étoient sujettes. Ceux-mêmes qui ont soutenu qu'elle occupoit de tou-

(*a*) *In Cratylo.*

te éternité le centre du Monde, & qu'elle conserveroit éternellement cette place, n'ont pas laissé de convenir qu'elle étoit sujette à certains accidens, qui sans détruire sa forme, ni rien changer à sa figure prise en général, pouvoient cependant l'altérer, & y produire quelques changemens particuliers. Il n'est point ici question des altérations insensibles, qui arrivent dans les entrailles de la Terre par la production des minéraux & des végétaux. Nous ne parlons point non-plus des changemens réguliers & peu considérables qu'on remarque sans cesse dans sa surface, qui quelquefois est aride, & quelquefois couverte de verdure. Il s'agit ici d'altérations plus importantes, d'accidens singuliers capables de renverser une partie de cette superficie même, ensorte qu'elle en devienne absolument méconnoissable.

Les déluges, les débordemens d'eau,

les tremblemens de terre, les embrasemens, ont été regardés de tout tems comme la cause principale des grands changemens qui arrivent dans la superficie de la Terre. Outre cela les Anciens ont toujours crû que la mer pouvoit quelquefois se retirer de certains pays, & les laisser à sec, & en revanche en occuper d'autres qu'elle ne couvroit point auparavant. « J'ai, vû dit, Ovide, faisant
» parler Pythagore dans ses Métamor-
» phoses (*a*), j'ai vû ce qui étoit pré-
» cédemment une terre très-ferme, de-
» venir tout d'un coup une mer; j'ai vû
» au contraire des terres sortir du sein
» de l'Océan, & leurs terrains semés des
» coquilles nées dans le sein des eaux. »

(*a*) Vidi ego quod fuerat quondàm solidissima
tellus
Esse fretum : vidi factas ex æquore terras;
Et procul à pelago conchæ jacuere marinæ.
Ovid. Met. lib. 15.

(123)

» Nous sçavons, dit aussi Apulée (*a*), » que des Continens ont été changés en » Isles, & que par la retraite de la mer » des Isles ont été jointes à des Continens. » Hérodote étoit persuadé que la mer avoit autrefois couvert toute la basse Egypte jusqu'à Memphis : il avoit la même opinion de plusieurs autres pays, tels que les campagnes d'Ilion, de Theutrane & d'Ephese, & les plaines qu'arose le Méandre. (*b*). C'est une pensée de Séneque, qu'un Auteur moderne n'a point entendu, lorsqu'il fait dire à ce Poëte d'un ton prophétique, qu'on découvrira un jour le nouveau Monde (*c*).

(*a*) *Illas etiam (scimus,) quæ priùs fuerint continentes, hospitibus atque advenis fluctibus insulatas, alias desidiâ maris pedestri accessu pervias factas.* Apul. de Mundo.
(*b*) *Si quidem quod inter prædictos montes supra Memphim urbem positos medium est, videtur mihi sinus maris aliquandò fuisse, quemadmodùm ea, quæ sunt circà Ilium, & Theutraniam, & Ephesum, & Meandri planitiem.* Herodot. lib. 2.
(*c*) La découverte du Perou, Pref.

Séneque n'a voulu dire autre chose dans l'endroit dont il s'agit, sinon que quelque jour la mer se retirant des lieux qu'elle couvre aujourd'hui, découvrira de nouvelles terres, en sorte que l'isle de Thulé ne sera plus regardée comme l'extrémité du Monde (*a*). Enfin Pline fait une longue & exacte énumération (*b*) des terres que la mer a abandonnées, de celles qu'elle a couverte, des Isles qui ont paru de nouveau, & de celles qui ont été jointes au Continent.

Nous avons déja vû ce que les Stoïciens & quelques autres ont dit de cet embrasement général du-monde, qui devoit un jour confondre la terre & les cieux (*c*).

(*a*)   Venient annis sæcula seris,
    Quibus Oceanus vincula rerum
    Laxet, & ingens pateat tellus,
    Tethisque novos detegat orbes,
    Nec sit terris ultima Thule.
                    Senec. Med. Act. 2.
(*b*) Plin. *Hist. lib.* 2. *cap.* 87. *& suiv.*
(*c*) Voyez Chap. 3. pag. 73. *& suiv.*

Examinons à présent ce qu'on pensoit dans l'Antiquité de certains embrasemens particuliers, ausquels la Terre étoit sujette, selon ceux-là mêmes qui l'a croyoient éternelle, & qui soutenoient qu'elle ne seroit jamais détruite. Ces embrasemens particuliers étoient à peu près semblables à ceux que nous voyons arriver aujourd'hui dans les pays remplis de soufre & de bitume, qui s'enflamment aisément. C'est ce qui a produit l'Etna, le Vésuve & les autres volcans, qui vomissoient des feux & des cendres il y a deux ou trois mille ans, comme ils en vomissent encore de nos jours. Les tremblemens de terre causés, comme on le croit, par les feux soûterrains, n'étoient pas autrefois plus terribles, que celui qui au siecle passé applanit les montagnes & fit disparoître les rivieres du Japon; ou plus fréquens, que ceux qui désolent si souvent l'Italie & la Sicile, l'Isle de Ténerife & tant d'autres pays. Enfin tout ce que les Anciens racontoient des embrasemens particuliers du Globe terrestre, étoit fondé sur ces sortes d'accidens naturels & ordinaires, auxquels ils le voyoient journellement sujet. Platon nous apprend (*a*), que la fable de Phaëton tiroit son origine d'un pareil incendie, qui consuma une assez grande étendue de pays ; & elle passoit assez communément chez les Anciens pour être fondée sur quelque évenement réel. Apulée faisant l'énumération des accidens facheux auxquels la Terre est exposée, n'oublie pas celui-ci (*b*), & dit que, selon l'opinion de quelques-uns, cet embrasement étoit arrivé dans les pays Orientaux. Strabon étoit du même sentiment, & vouloit aussi

(*a*) In Timæo.
(*b*) *Quid cùm incendia de nubibus emicarunt, cùm Orientis regiones Phaëtontis ruinâ, ut quidam putant, conflagratæ perierunt.* Apul. de Mundo.

donner une origine naturelle à toutes ces sortes d'évenemens, lorsque parlant de l'incendie de Sodome & de Gomorre, il assuroit (*a*) qu'il n'étoit pas étonnant que ces Villes eussent été autrefois consumées par le feu, puisque le pays où elles étoient situées, étoit pêtri de souffre, de bitume & d'autres matieres inflammables. Les Chrétiens mêmes sembloient convenir de la vérité de cette opinion, & s'en prévaloient, pour montrer qu'avant la naissance du Christianisme il étoit arrivé de plus grands malheurs aux hommes, que depuis son établissement. C'est ainsi qu'Arnobe s'en

(*a*) *Esse autem ignem in solo ejus regionis multis etiam aliis signis docent; ut iis fides haberi posse videatur, quæ ab indigenis prædicantur, in hoc loco tredecim urbes olim habitatas fuisse, quarum caput Sodoma; terræ autem tremoribus, & ignis aquarumque calidarum & bituminosarum ac sulphurearum eruptione extitisse lacum : saxa ignem concepisse ; urbium alias absorptas, alias ab iis, quicumque fugere potuerunt, derelictas.* Strab. lib. 16.

explique. » Quand est-ce, dit-il (*a*), » que les déluges ont fait perir le genre » humain ? N'est-ce pas avant nous ? » Quand est-ce que le Monde embrasé » s'est vû réduit en cendres ? N'est-ce pas » avant nous ? »

L'embrasement de Phaëton est le seul accident particulier de cette nature, dont les Anciens ayent fait mention : ils n'ont parlé qu'en général des autres incendies ausquels, selon eux, la Terre a été sujette dans tous les tems. Il n'en est pas de même des déluges & des inondations : l'Antiquité peut en fournir plusieurs exemples ; & nous les avons recueillis avec soin, afin de faire voir ce que l'on doit penser sur cet article.

A l'égard du Déluge universel, il est certain d'abord qu'un des plus sçavans

(*a*) *Quandò humanum genus aquarum diluviis interemptum ? Non ante nos ? Quandò Mundus incensus in favillas & cineres dissolutus est ? Non ante nos ?* Arnob. adv. Gent. lib. 1.

Peres de l'Eglise convient (*a*) qu'un évenement si considérable a été absolument inconnu aux Historiens Grecs & Romains. Josephe assure, à la vérité (*b*), que Bérose Chaldéen, Nicolas de Damas & Jérome l'Egyptien en avoient parlé à peu près comme Moïse, mais le fait dût-il passer pour constant, est-il étonnant que Bérose & les autres qui vivoient en Orient sous l'Empire des Macédoniens, dans un tems & dans un pays où les Juifs étoient si connus, ayent inséré dans leurs Histoires ce que les livres de ceux-ci contenoient sur cet article? J'ajoute que les circonstances mêmes rapportées par ces Historiens

(*a*) *Quanquàm Ogygius ipse quandò fuerit, cujus temporibus etiam diluvium magnum factum est, (non illud maximum, quo nulli homines evaserunt, nisi qui in arcâ esse potuerunt, quod Gentium nec Græca, nec Latina novit Historia,) sed tamen majus, quàm posteà tempore Deucalionis fuit, inter Scriptores Historiæ non convenit.* August. de Civ. Dei, lib. 18. cap. 8.
(*b*) *Antiq. Jud.* lib. 1. cap. 2.

I

prouvent combien on doit peu compter sur leur témoignage & sur leur bonne foi, s'il est vrai qu'ils ayent écrit ce qu'on leur fait dire. En effet le passage que Joséphe cite de Bérose, parle des restes de l'Arche, qu'on voyoit encore, dit cet Auteur, sur une montagne d'Arménie, & dont on emportoit des morceaux qui servoient de préservatifs. J'avoue que quelques Arméniens grossiers sont encore aujourd'hui dans cette opinion ridicule au sujet des restes de l'Arche; mais on sçait que nos Voyageurs les plus sensés conviennent que c'est une fable puérile (*a*); que le mont Ararat sur lequel on prétend que l'Arche s'arrêta, est en tout tems couvert de neiges, & tellement inaccessible qu'à peine est-il possible de parvenir jusqu'à la moitié de sa hauteur. Les habitans du pays ont

(*a*) Voyez-les Voyages de Tournefort & autres.

I

même une tradition au sujet de cette montagne, qui ne s'accorde point du tout avec ce que l'Ecriture rapporte de ce Déluge : car ils assurent que Noë se sauva avec soixante & dix neuf personnes, & que le bourg de *Tamanin* situé au pied de cette montagne a tiré son nom, qui en Arabe signifie quatre-vingt, d'autant de personnes qui sortirent de l'Arche, & s'établirent en cet endroit.

Or on conviendra avec moi, qu'il est étonnant que les Grecs qui saisissoient si avidement tout ce qui tenoit du merveilleux, que les Romains qui sçavoient si bien démêler la vérité d'avec les fables, n'ayent jamais parlé de ce déluge, qui dut engloutir tous les hommes en général. Nous pouvons même ajouter que l'on ne conçoit pas qu'un événement si frappant & si terrible, ait jamais pû s'abolir de la mémoire des hommes qui s'en étoient sauvés, & de celle de toute leur postérité, à un point que ni les Indiens, ni les Chinois, ni aucun peuple du Monde, quoique selon l'opinion commune tous doivent descendre de l'heureux Noë, n'en ayent pas conservé le moindre souvenir; & que la mémoire d'un fait aussi important qui intéressoit également tout le genre humain, ne se soit conservée dans la tradition, ni d'aucun pays, ni d'aucune Nation, si l'on en excepte les Juifs, qui n'y étoient pas plus intéressés que les autres.

Mais passons aux déluges particuliers, dont il est fait mention dans l'Histoire. Si la chronologie des Egyptiens avoit quelque certitude, ou si l'on veut, quelque vraisemblance, nous pourrions assurer que celui qui arriva sous le regne d'Osiris (*a*), est le plus ancien dont il soit parlé dans l'Antiquité. Osiris Roi d'Egy-

(*a*) Voyez Diodore, *liv.* 1.

pte qui, comme nous le verrons dans la suite, devroit avoir vécu plus de vingt mille ans avant Alexandre, étant occupé à étendre ses conquêtes par toute la terre, il arriva pendant son absence une inondation, qui submergea une partie de l'Egypte. Le même Auteur dont nous tenons ce fait, nous apprend encore (*a*), que les habitans de l'Isle de Samothrace assuroient, qu'il s'étoit fait chez eux un déluge antérieur à tous les autres ; que ceux qui en réchapperent se retirerent sur les lieux les plus élevés de l'Isle, & que delà ils firent des vœux au Ciel ; qu'ensuite les eaux s'écoulerent, & que pour marque de leur reconnoissance ils dresserent des Autels dans ce même lieu, où ils continuerent toujours depuis d'offrir des sacrifices. Ce déluge avoit été causé, selon eux, par un débordement du Pont-Euxin dans l'Hellespont, qui inonda une partie de l'Asie maritime.

(*a*) Diodore, *liv.* 5.

Le déluge qui arriva dans la Grece du tems d'Ogyges est si ancien, qu'on l'a toujours regardé comme un évenement qui touchoit aux tems fabuleux, & dont il étoit impossible d'établir la date. Varron l'avoit choisi (*a*) comme le tems le plus reculé, où il fût possible de remonter. Saint Augustin dit lui même (*b*), que les Historiens ne conviennent aucunement du tems auquel Ogyges a vêcu. Mais les Chronologistes Chrétiens plus habiles que ne le sont les Profanes dans leur propre Histoire, ont fixé ce tems, & il a plû à Eusebe (*c*) & aux autres de faire vivre Ogyges environ deux cens ans avant Deucalion, dont l'âge est plus connu & moins incertain; c'est-à-dire, qu'ils ont fait Ogyges contemporain du Patriarche Isaac.

(*a*) Var. *de Re rust. lib.* 3. *cap.* 1.
(*b*) Voyez *pag.* 129. *N.* (*a*).
(*c*) Euseb. *Præp. Evang. lib.* 10. *cap.* 3.

Soit que ce Déluge d'Ogyges eût été peu considérable, soit qu'il fût arrivé dans un tems trop reculé, à peine en étoit-il fait mention dans les livres des Anciens. Il n'en est pas de même de celui qu'on nomme le déluge de Deucalion, parce qu'il arriva du tems de ce Prince. Au bout même de quatorze ou quinze siecles ce déluge étoit encore célebre chez les Grecs. En effet une grande partie de la Grece en avoit été submergée; & les hommes chez qui un pareil évenement est arrivé, & qui se sont sauvés du péril, en doivent conserver long-tems la mémoire. On voyoit donc dans la Grece des villes & des montagnes, qui tiroient leurs noms de ce fameux déluge. La montagne de Mégare dans l'Attique avoit été ainsi nommée, parce qu'attiré par le chant des grives, Mégarus s'y étoit sauvé à la nâge. D'autres qui s'étoient retirés sur le Parnasse, guidés dans les ténebres par

I iiij

les hurlemens des loups, y avoient bâti une ville, à laquelle ils donnerent le nom de Lycorée. Les Grecs montroient encore avec une espèce de frayeur un trou, par lequel ils assûroient que les eaux s'étoient écoulées. Enfin les Poëtes n'avoient point oublié d'ajouter à cet événement toutes les fictions, dont leur art est susceptible. Personne n'ignore la fable de Deucalion & de Pyrra. Un Historien sensé nous dévoile la vérité obscurcie par ces nuages. (*a*) » Du tems, » dit-il, d'Amphiction, Roi d'Athenes, » un déluge fit périr la plus grande partie » des Peuples de la Grece. Il n'échappa » que ceux qui purent se retirer sur les » montagnes, ou qui se sauverent par » bateaux dans la Thessalie, où régnoit

___

(*a*) *Amphictionis temporibus, aquarum illuvies majorem populorum Græciæ partem absumpsit. Superfuerunt quos refugia montium receperunt, aut qui ad regem Thessaliæ Deucalionem ratibus evecti sunt; à quo proptereà genus humanum conditum dicitur.* Justin. lib. 2.

„ alors Deucalion. Aussi, dit-on de lui,
„ qu'il avoit rétabli le genre humain. «

Le déluge de Deucalion, que les Anciens Grecs avoient pris vraisemblablement pour un déluge général, ne se fit point sentir ailleurs que chez eux. Mais dans ces tems grossiers, les hommes vivant dans l'ignorance & dans la simplicité, ne connoissoient du Monde que ce qui les environnoit, & jugeoient du reste de la terre par le pays qu'ils habitoient. C'est ainsi que les premiers habitans de la Grece se persuaderent qu'un déluge qui leur étoit particulier, avoit fait périr tout le genre humain ; & c'est probablement de la même maniere, que Noë réfugié dans son Arche, c'est-à-dire, dans un vaisseau tel qu'on les construisoit alors, avec sa famille & ses bestiaux, porté par les flots dans un pays naturellement désert, ou dont les habitans avoient péri par le même accident, crut que tout ce qui n'étoit pas renfermé avec lui avoit été englouti dans les eaux. C'est ainsi qu'après l'embrasement de Sodôme, les filles de Loth s'imaginerent être restées seules sur la Terre avec leur pere. L'Histoire ancienne fourmille de pareils exemples. Dans les derniers tems où la Grece étoit dans la splendeur, un débordement de la mer submergea les villes d'Helice & de Burrha dans l'Achaïe. Sur cela Diodore fait une remarque fort judicieuse. » » Les dévots, dit-il (*a*), prirent cet ac- » cident pour une vengeance de Neptune » irrité contre les habitans de ces villes » malheureuses ; mais les autres le regar- » dérent comme quelque chose de fort » ordinaire & de très-naturel. « Nous pouvons ajouter, que si ce débordement fût arrivé dans ces tems grossiers dont nous venons de parler, on en auroit fait sans doute un événement beaucoup plus

(*a*) Diodor. lib. 15.

considérable, peut-être quelque chose de pareil à l'histoire du déluge de Déucalion. Quoiqu'il en soit, Juvénal n'a pû s'empêcher de mettre au rang des fables (*a*) toutes les circonstances merveilleuses que les Grecs racontoient de ce fameux déluge.

On voit par ce qui vient d'être dit, que les Anciens convenoient, qu'il étoit arrivé en différens tems plusieurs déluges sur la Terre. Platon assure qu'il

___

(*a*) Ex quo Deucalion, nimbis tollentibus æquor,
  Navigio montem ascendit, sortesque poposcit,
  Paulatimque animâ caluerunt mollia saxa,
  Et maribus nudas ostendit Pyrrha puellas :
  Quidquid agunt homines, votum, timor, ira, voluptas,
  Gaudia, discursus, nostri est farrago libelli.
  Juven. Sat. 2.

s'en faut beaucoup (*a*) que ceux dont les Grecs font mention, soient les seuls que les hommes ayent éprouvés. Pausanias parlant des petites Isles de Pélops situées proche de Trezene, dit qu'une de ces Isles n'a jamais été submergée dans les plus grands déluges (*b*). Polybe, Varron, Cicéron, tous les Anciens en un mot, ne parlent jamais de déluges, qu'au nombre pluriel; sur quoi il est à propos de faire une remarque au sujet de ce mot.

Aujourd'hui nous entendons ordinairement par ce terme une pluie abondante, qui tombant impétueusement sur la Terre, la noye dans les eaux. Par-là nous

———

(*a*) Οἱ πρῶτον μὲν ἕνα γῆς κατακλυσμοὶ μέμνηθε πολλῶν ἔμπροσθεν γεγονότων. Plat. in *Timæo*.

(*b*) Τὰς δὲ νησίδας... ἀριθμὸν ἐννέα οὔσας, Πέλοπος μὲν καλοῦσι. Τοῦ θεοῦ δὲ ὕοντος, μίαν ἐξ αὐτῶν οὔ φασιν ὕεσθαι. Pausan. *Corinth.* lib. 2. cap. 34.

distinguons le déluge d'avec l'inondation, qui n'est autre chose qu'un débordement de la mer & des rivieres; & nous faisons cette distinction, parceque la Génese nous apprend que le déluge par lequel Dieu fit périr tous les habitans de la Terre, fut l'effet d'une pluie extraordinaire, qui tomba du Ciel pendant quarante jours & quarante nuits (*a*). Les Anciens au contraire ne faisoient aucune différence de l'inondation & du déluge: ces termes étoient parfaitement synonimes chez les Grecs & chez les Romains, & signifioient également une inondation causée, ou par l'eau des pluies, ou par les eaux de la mer & des rivieres. C'est pour cette raison, qu'ils ont toujours donné le nom de déluges aux inondations causées uni-

———————————

(*a*) *Rupti sunt omnes fontes abyssi magnæ, & cataractæ Cœli apertæ sunt: & facta est pluvia super terram quadraginta diebus & quadraginta noctibus.* Gen. cap. 7. vers 11. & 12.

quement par les débordemens de la mer, telles qu'ont été les déluges d'Ogyges, de Deucalion, & les autres dont nous avons parlé.

Ce ne seroit pas rapporter tout ce qui nous reste de l'Antiquité au sujet des déluges, que de ne rien dire de la fameuse Isle Atlantique de Platon (*a*), que quelques-uns prennent aujourd'hui si ridiculement pour l'Amérique. Les annales des Egyptiens faisoient grande mention de cette Isle, qu'elles disoient avoir été autrefois submergée par l'Océan. C'étoit, disoient les Egyptiens, un pays fort étendu, dont les Rois avoient été si puissans, qu'outre l'Isle qui étoit très grande, ils possedoient encore une partie considérable de l'Europe & de l'Afrique. Lorsque Solon passa en Egypte, il s'ins-

(*a*) Il parle de cette Isle dans son Timée, mais beaucoup plus au long dans le Dialogue intitulé *Critias*.

truisit de tout ce qu'on y disoit à ce sujet; & il eutreprit d'écrire en vers ce qu'il en avoit sçu. La mort l'empêcha d'achever cet Ouvrage. Platon apprit ensuite la même chose des Egyptiens; & c'est de lui que nous tenons le peu de connoissances que nous avons sur cette Isle fameuse. Il nous auroit fait plaisir de nous marquer plus précisément sa position, & de nous apprendre dans quel tems elle fut submergée. Mais il y a grande apparence que les Egyptiens eux-mêmes n'en sçavoient rien, & qu'ils débitoient à ce sujet plus de fables que de vérités. Ce qu'il y a de constant, est que, suivant le récit de Platon (*a*), l'Atlantique étoit fort voisine de l'Europe & de l'Afrique; d'où il s'ensuit que ce ne

(*a*) Νῆσον γὰρ πρὸ τῦ σόματος εἶχεν, ὃ καλεῖτε (ὡς φατὲ ὑμεῖς) Ἡρακλέως στήλας. ὕστερω δὲ χρόνῳ ἡ Ἀτλαντὶς νῆσος ὡσαύτως κατὰ τῆς θαλάσσης δῦσα ἠφανίσθη. *Plat. in Timæo.*

peut être l'Amérique, qui en est fort éloignée. Outre cela Platon assure très-positivement que cette Isle fut submergée par l'Océan ; ce qui convient encore moins à l'Amérique, qui quoiqu'absolument inconnue aux Anciens, n'a pas laissé de subsister.

Les Peuples des environs du Détroit de Gibraltar étoient dans une opinion, qui s'accorde assez avec ce que les Egyptiens racontoient de l'Atlantique submergée par l'Océan. Pline parlant de ces deux fameuses montagnes appellées vulgairement les Colonnes d'Hercule, nous apprend (*a*) que les habitans du pays croyoient que l'Océan s'étoit autrefois ouvert un passage au travers de ces montagnes, & avoit ainsi changé la face de la nature en inondant une partie de la

(*a*) *Quam ob causam indigenæ Columnas ejus Dei (Herculis) vocant; creduntque perfossas exclusa anteà admisisse maria, & rerum naturæ mutasse faciem.* Plin. Hist. lib. 3. cap. 1.

Terre,

Terre. On comprend sans peine, qu'une Isle située proche du Détroit aura pû être submergée, lorsque l'Océan qui est d'une étendue immense en cet endroit, se sera jetté avec une impétuosité inconcevable dans le canal de la Méditerranée par le passage qu'il venoit de s'ouvrir. Il est permis de recourir aux conjectures pour expliquer un fait, dont la vérité est d'elle-même assez douteuse. Peut-être cette ancienne Atlantique étoit elle comprise dans l'étendue du terrain, que couvre aujourd'hui la Méditerranée ; ensorte que dans la suite des tems les Egyptiens mal informés en auroient fait une Isle, quoique ce fût un continent joint à l'Europe & à l'Afrique, dont les Rois de l'Atlantique possédoient une partie, comme nous l'avons déja dit. Quoiqu'il en soit, Pline ne doutoit nullement que la Méditerranée n'eût été autrefois un pays habité, ainsi que le Pont-Euxin & l'Hel-

lefpont. Voici de quelle maniere il s'en exprime. » Il ne fuffifoit pas, dit-il (a),
» à l'Océan d'environner la terre, & d'en
» ronger continuellement les bords; ce
» n'étoit pas affez pour lui, en s'ouvrant
» un paffage entre Calpé & Abila, d'avoir
» envahi un efpace prefqu'auffi confidéra-
» ble que celui qu'il occupoit déja:
» non content d'avoir englouti les pays
» que couvre la Propontide & l'Hellef-
» pont, il a encore abforbé au-delà du
» Bofphore une région entiere, jufqu'à
» ce qu'il vienne enfin fe joindre aux Pa-
» lus Méotides, qui eux-mêmes ne fe font

(a) *Non fuerat fatis Oceano ambiffe terras, & partem earum auctâ inanitate abftuliffe; non irrupiffe fractis montibus, Calpeque Africæ avulfâ, tanto majora abforbuiffe, quam reliquerit fpatia; non per Hellefpontum Propontida infudiffe, iterum terris devoratis: à Bofphoro quoque in aliam vaftitatem panditur, nullâ fatietate, donec exfpatianti lacus Mæotii rapinam fuam jungant. Invitis hoc accidiffe terris, indicio funt tot anguftiæ, atque tam parva naturæ repugnantis intervalla.* Plin. Hift. lib. 6. cap. 1.

„ étendus qu'aux dépens des terres qu'ils „ ont inondées. « Il ajoute que tous les détroits qu'on remarque dans ces mers, font une preuve certaine, que l'Océan y a autrefois forcé les trop foibles barrieres que la nature oppofoit à fa violence.

Au refte on ne peut douter que tous les déluges n'ayent été caufés principalement par des débordemens de la mer. L'eau des pluies peut bien faire enfler les rivieres, & inonder une partie de pays peu confidérable; mais pour fubmerger des Provinces entieres & des Royaumes, pour couvrir toute la Terre au point de s'élever au-deffus des plus hautes montagnes, il faudroit fuppofer dans le Ciel des réfervoirs immenfes, tels que pourroient les imaginer les hommes affez mauvais Phyficiens, pour ignorer que la pluie eft caufée par les vapeurs, qui s'élevent de la terre & de la mer, & qui se rassemblant dans la moyenne région de l'air, sont obligées par leur propre poids de retomber ensuite sur la terre. Ou bien il faut renoncer à sa raison, & recourir au miracle, contre ce que dicte le bons sens, & en dépit même de l'Ecriture, qui ne parle du déluge de Noë que comme d'un évenement naturel, quoique causé par une volonté toute puissante.

Ce sont ces déluges particuliers dont nous venons de parler, ainsi que les embrasemens causés par les volcans & les terrains sulphureux, qui avoient fait croire aux Anciens que la Terre étoit sujette à ces sortes d'accidens, & qu'elle y étoit sujette d'une maniere constante & réglée. Ils étoient même persuadés, que ces déluges & ces embrasemens causoient la destruction & la fin de toutes choses; non, à la vérité, que tout périt à la fois, mais parce que, selon eux, dans chacun de ces

évenemens, la plus grande partie des hommes & des animaux étoient ou engloutis dans les eaux, ou consumés par le feu. Pour ne point accumuler ici un nombre inutile de passages qui disent tous la même chose, il suffira d'en rapporter un de Macrobe, qui expose la pensée des Anciens sur ce sujet d'une maniere claire & précise. » Il n'arrive jamais, dit cet Au-
» teur (*a*), que le déluge couvre la Ter-
» re entiere, ni que l'embrasement soit
» général dans le globe. Les hommes qui
» échappent à la fureur de ces redoutables
» fléaux, sont donc comme la pépiniere,

(*a*) *Nunquàm tamen, sive eluvio, sive exustio omnes terras, aut omne hominum genus, vel omninò operit, vel penitus exurit. Certè igitur terrarum partes inundationi superstites seminantium instaurando generi humano fiunt: atque ita contingit, ut non rudi manu sideles homines & cultûs inscii in terris oberrent, & asperitatem popularim vagæ feritatis exati, consotiabula & cœtus, mutuà instruente, paulatim: sieque primùm inter eos mali nescia & adhuc astutiæ inexperta simplicitas, quæ nomen auri primis sæculis præstat. Macr. in Somn. Scip. lib.* 2.

» qui fert à réparer la diminution furve-
» nue au genre humain. Ainfi quoique le
» Monde ne foit pas nouveau, il paroît
» l'être, parce que les hommes réduits à
» un petit nombre, retombent dans la
» groffiereté & la barbarie inféparables de
» la folitude, jufqu'à ce que venant à fe
» multiplier, la nature les porte à former
» des focietés, où regnent d'abord cette
» candeur & cette fimplicité innocente,
» qui a fait donner le nom d'âge d'or aux
» premiers fiecles. «

CHAPITRE VI.

Sentimens des Anciens fur la nature de l'ame humaine.

CE n'eft pas d'aujourd'hui, que l'homme fe regarde comme le premier & le plus excellent des Etres vivans qui font fur la Terre. Cette opinion lui eft en quelque forte naturelle, & auffi ancienne en lui que lui-même. Il n'étoit donc pas nécessaire que Moyse nous représentât la nature humaine comme le chef d'œuvre du Créateur, & l'abrégé de ses merveilles. Il étoit inutile qu'il fit prononcer à Dieu même cet Arrêt, par lequel il soumet à l'homme tout ce qui respire (*a*). Portés naturellement à penser avantageusement de notre espece, & à nous assujettir toutes les autres créatures, nous ne nous en serions pas moins relevés au-dessus du reste des animaux, & nous n'en aurions pas moins envahi la domination.

Cependant cette grande opinion que les hommes ont d'eux-mêmes, n'a pas toujours été si générale, que plusieurs n'ayent pensé sur ce sujet d'une maniè-

───────────────

(*a*) *Benedixitque illis Deus, & ait . . . replete terram, & subjicite eam, & dominamini piscibus maris, & volatilibus cœli, & universis animantibus, quæ moventur super terram.* Gen. cap. 1. vers. 28.

K iiij

re différente & toute opposée. Quelques Philosophes moins prévenus en faveur de la nature humaine, ont fait à l'homme un sujet de s'humilier & de s'avilir des choses mêmes dont il se glorifie le plus. Sa raison, ont-ils dit, ne sert qu'à l'agiter, sa prévoyance qu'à l'affliger, son industrie qu'à multiplier ses besoins. Ils le mettent au-dessous de tout ce qui respire, par les miseres ausquelles il est sujet. Ils assurent qu'il étoit plus expédient pour lui de ne pas naître, que de vivre; & que les plus malheureux sont ceux qui meurent le plus tard. Enfin ils soutiennent, que la nature qui a rempli les fonctions d'une bonne mere à l'égard des autres Etres, ne paroît être qu'une marâtre à l'égard de l'homme. C'est ainsi qu'en voulant trop rabaisser l'orgueil humain, ils se sont jettés dans un excès opposé tout-à-fait déraisonnable.

La plûpart des Physiciens plus attachés

que les autres à observer la conduite de la nature, ont crû y découvrir tant d'uniformité & si peu de distinction pour la nature humaine, qu'ils n'ont pas hésité à confondre les hommes avec les autres animaux, dont ils vouloient orgueilleusement se distinguer. C'est également de la terre, disent-ils, que les uns & les autres ont été produits : c'est elle qui fournit également à leur subsistance ; & c'est dans son sein qu'ils retournent tous indifféremment après la dissolution de leurs organes. La nature leur a donné à tous une même origine, comme elle les a tous assujettis aux mêmes besoins, & leur prépare à tous une même fin. La faculté de raisonner, dont les hommes se sont glorifiés dans la suite au point de s'attribuer une ame particuliere différente de celle des bêtes, ne suffisoit point autrefois pour établir aucune distinction entre cette ame humaine &

celle des autres animaux. On croyoit appercevoir dans les Bêtes un raisonnement, qui ne différoit de celui des hommes que du plus au moins, de même à peu près que la raison des hommes stupides & grossiers differe de celle des hommes spirituels & éclairés. C'est pour cela qu'en général tous ceux des Anciens qui ont crû l'immortalité de l'ame, avant que Platon & Zénon eussent ramené la Philosophie & la Physique à la Morale, ont été dans l'opinion de la Métempsycose; ce qui prouve invinciblement, qu'ils attribuoient également l'immortalité à l'ame des bêtes, comme à celle de l'homme : par conséquent ils ne mettoient aucune différence essentielle entre l'une & l'autre. Entrons dans quelque détail.

Pour nous convaincre de ce que les Anciens ont pensé de la nature de l'ame humaine, nous examinerons, 1°. Quelle est la premiere idée que les hommes ont eûe de l'ame, 2°. Ce qu'ils ont pensé de son immortalité. 3°. Quelle idée ils se sont formée de sa nature quoi qu'immortelle. Par-là nous pourrons espérer de découvrir ce qu'on a pensé avant nous sur la nature de notre ame.

De toutes les parties de la Philosophie, la Métaphysique est celle que l'on a, dit-on, le plus perfectionnée dans ces derniers tems. Nos Philosophes plus exacts, plus subtils & plus éclairés que ceux qui avant eux avoient raisonné sur la même matiere, se vantent d'avoir débrouillé ce que les siecles précédens avoient confondus & d'avoir prouvé d'une maniere convaincante la spiritualité de notre ame, & par conséquent son immortalité. La raison dont ils se servent pour démontrer une vérité si importante, leur paroît si naturelle & si facile à trouver, qu'ils s'étonnent comment nos Peres ne s'en sont point apperçus ; ensorte qu'en cela ils reconnoissent la vérité de ce que disoit un Ancien : (*a*) Un » tems viendra, où l'étude & l'applica- » tion de nos neveux dévoileront tous ces » mysteres ; un jour nos descendans se- » ront surpris, que nous ayons pû igno- » rer des choses aussi claires, & dont la » découverte étoit si aisée. «

En effet, l'idée que nous nous formons de l'ame est fort différente de celle qu'on en avoit dans l'Antiquité. Aujourd'hui on entend par ce mot une substance immatérielle tellement unie au corps, que les mouvemens de l'un sont nécessairement suivis des mouvemens de l'autre. Dans notre Langue, & dans la plûpart des Langues vivantes, les termes d'*Ame* & d'*Esprit* ne sont plus équivo-

(*a*) *Veniet tempus, quo ista, quæ nunc latent, in lucem dies extrahet, & longioris ævi diligentia : veniet tempus, quo posteri nostri tam aperta nos nescisse mirentur.* Sen. Nat. Quæst. lib. 7. cap. 25.

ques : ils signifient une substance d'une nature absolument différente de celle du corps qu'elle anime, & qui peut subsister après la dissolution de ses organes, sans être unie à aucun autre corps. Il n'en étoit pas de même du tems de nos Peres. Les Langues anciennes qui nous ont fourni ces termes, ne nous ont point transmis l'idée qui y étoit alors attachée. Ces mots ne signifioient autre chose dans leur origine, que *souffle & vent* : c'est-là la premiere idée que les Anciens ont eûe de l'Ame & de l'Esprit; *respirer & être animé* étoient pour eux la même chose. Les termes de ψυχὴ (*a*) & de πνεῦμα (*b*) dont on se sert dans la Lan-

___

(*a*) Ψυχὴ de ψύχω, qui signifie *spiro*, ou *refrigero*, *je souffle*, *je rafraichis*. Aussi Chrysippe dit-il dans Plutarque, *De Stoic. repugn.* que l'ame n'a été appellée de ce nom que *à refrigeratione*.

(*b*) Πνεῦμα de πνέω, *flo*, *spiro*, *je souffle*. Aussi appelle-t'on ordinairement le vent de ce nom, comme on le voit par ces paroles d'Aristote, *De Mundo*:

gue Grecque pour défigner l'ame & l'efprit, veulent dire fimplement *la refpiration & le fouffle*; & ceux de *fpiritus, animus, anima*, ne fignifient autre chofe en Latin, que *fouffle & vent* (*a*). Les Auteurs facrés n'ont pas même d'autres termes dans la Langue Hébraïque pour fignifier l'Efprit de Dieu, que celui dont ils fe fervent pour exprimer le vent & le fouffle. Or je dis qu'il eft étonnant, que les Grecs & les Latins qui ont tant raifonné fur la nature de l'ame, n'ayent eû dans leurs Langues aucun terme particulier pour la défigner. De-là je crois être en droit de conclure, que ni les Anciens

Ἄνεμος ὀδέν ἐςι πλὴν ἀὴρ πολὺς ῥέων ᾳ ἀθρέος, ὅςις ἅμα κ πνεῦμα λέγεται.
On lit dans le même Philofophe, *Politic. lib. 4.*
Τῶν πνευμάτων λέγεται τὰ μὲν Βόρεια, τὰ δὲ Νότια.

(*a*) *Aliä ventum* (animam dicunt,) *undè anima, vel animus, nomen accipit, quòd Græcè ventus* ἄνεμος *dicitur.* Lactant. *de Opif Dei, cap. 7.*

Grecs, ni les anciens Latins, n'ont eû aucune notion de l'être immatériel, puisque dans leurs Langues, quoique très-fécondes & très abondantes, il ne se trouve aucun terme pour l'exprimer; & voici comment je raisonne.

Dans l'origine des Langues, les hommes ont désigné par des termes propres & particuliers toutes les choses dont ils avoient quelque notion : or il ne se trouve point de Langue ancienne, où l'Etre immatériel soit désigné par aucun terme particulier ; donc les Anciens n'avoient aucune notion de l'être immatériel. On dira peut-être, que les hommes n'ayant aucune notion de l'esprit, ne pouvoient le désigner que métaphoriquement ; mais raisonner de la sorte, c'est confondre l'idée de l'esprit avec la notion de l'esprit. Il suffit d'avoir la notion d'une chose, pour pouvoir désigner cette chose par quelque terme, quoiqu'il n'y ait d'ailleurs aucun rapport entre le mot & la chose signifiée par ce mot. N'avons-nous pas aujourd'hui dans nos Langues des termes particuliers pour exprimer l'esprit & l'ame, sans avoir cependant une idée beaucoup plus claire & plus distincte que les Anciens, ni de l'ame, ni de l'esprit? Ces mots, comme je l'ai dit, ne signifient proprement parmi nous qu'un Etre spirituel & immatériel. J'avoue que nous nous en servons quelquefois pour désigner un corps très-subtil : nous disons, par exemple, *esprit de vin*, *esprit de nitre*, *esprits animaux*, &c. mais ces expressions sont métaphoriques dans notre Langue ; & parmi nous la premiere & véritable idée du mot *esprit* est l'Etre immatériel, au lieu que chez les Anciens c'étoit tout le contraire. Dans leurs Langues, la matiere étoit la signification propre de ce terme ; & s'ils s'en servoient pour désigner l'Etre immatériel, ce n'étoit que métaphoriquement. Or d'où procede cette différence entre les Langues anciennes & les Langues modernes ? De ce que la notion de l'esprit, ou de l'être immatériel, est postérieure aux premieres, & antérieure aux autres.

Lorsque Platon voulut raisonner sur la nature de l'ame, il fut obligé de se servir des termes qui étoient alors en usage dans sa Langue, & qui pouvoient le mieux rendre la chose qu'il vouloit exprimer. Les Latins en ont usé de même; & aujourd'hui nos Missionnaires, obligés de pratiquer la même chose parmi les Sauvages à qui ils veulent donner quelque notion d'un Etre immatériel, sont contraints de s'assujettir à des mots de leur Langue, qui jusqu'alors avoient désigné quelque chose de corporel. Mais nos Langues modernes ayant trouvé la notion de l'esprit déja établie avant leur naissance, ont pû fournir des termes qui

L

n'eussent point d'autre signification propre que celle de l'Etre immatériel, quoique dans les Langues anciennes dont ces mêmes termes étoient empruntés, ils eussent un sens très-différent, & s'appliquassent proprement à la matière. Concluons donc que la première idée que les Anciens ont eûe de l'ame, est celle d'un Etre matériel.

Passons à son immortalité. On la trouve établie en même tems dans l'Antiquité en différens endroits & chez différens Peuples de la Terre. Les Egyptiens, les Chaldéens, les Mages, les Gymnosophistes, les Thraces & les Gaulois en étoient également persuadés. Hérodote assûre que les Egyptiens ont été les premiers qui ayent soutenu l'immortalité de l'ame (*a*)

(*a*) Hi (Ægyptii) primi extiterunt, qui dicerent animam hominis esse immortalem, quæ de mortuo corpore subinde in aliud, atque aliud corpus, ni quodque gigneretur, immigraret. Herodot. lib.

(163)

D'un autre côté, cette opinion étoit si ancienne chez les Chaldéens, qu'ils en disputoient aux Egyptiens l'honneur de l'invention. Des Chaldéens elle passa aux Mages, ou Sages de Perse, qu'ils avoient instruits ; & ceux-ci conjointement avec les Grecs la répandirent dans la suite parmi les Gymnosophistes. Il est vrai que ce passage de la doctrine de l'immortalité de l'ame dans les Indes semble être arrivé assez tard. Il paroît même que les Gymnosophistes n'en avoient encore aucune connoissance du tems d'Alexandre, car ce Prince ayant demandé à un des plus considérables d'entr'eux, lesquels des morts ou des vivans étoient en plus grand nombre, celui-ci répondit que le nombre des vivans surpassoit certainement celui des morts, puisque les morts n'étoient plus rien (*a*). On conçoit qu'un

(*a*) *Ex Gymnosophistis, qui plurimùm fatigaverant Macedonas, decem arces ad respondendum & contractos habitos cepit. His quæstiones obs-*

L ij

homme persuadé de l'immortalité n'eût pû faire cette réponse. Quoiqu'il en soit, Diogène Laërce nous apprend (a) que les Mages tenoient pour l'immortalité, & l'on sçait que ce sentiment a subsisté, & subsiste encore aujourd'hui dans les Indes.

A l'égard des Thraces, ils sont fameux parmi les Anciens pour la certitude avec laquelle ils ont crû l'ame immortelle. Ces Peuples pleuroient à la naissance de leurs enfans, & se réjouissoient à la mort de leurs proches. C'étoit aussi un usage établi parmi eux pour les femmes, de s'immoler & de se brûler toutes vives sur le tombeau de leurs ma-

curas posuit, necem deuntians primo, qui parùm aptè respondisset. Primus interrogatus, vivos ne plures esse, an mortuos censeret, vivos ait; nec enim jam esse eos qui mortui sunt. Plut. in Alex.

(a) *Theopompus Magorum sententiâ homines in vitam quoque redituros, immortalesque futuros tradit.* Diog. Laërt. in Proæm.

ris (*a*). Or ces coutumes bizarres & cruelles n'étoient fondées que sur l'opinion de l'immortalité; & cette opinion leur avoit été inspirée par Zamolxis leur Législateur. Hérodote nous apprend (*b*)

(*a*) *Edito puero, propinqui eum circumsidentes comploratione prosequuntur ob ea mala, quæ necesse est illi, quòd vitam ingressus sit, perpeti. Hominem autem fato functum per lusum atque lætitiam terræ mandant, referentes quot malis liberatus in omni sit felicitate. Singuli plures uxores habent: quorum ubi quis decessit, disceptatio magna fit inter uxores, quænam dilecta fuerit à marito præcipuè. Quæ talis judicata est, ea à viris ac muliebribus exornata ad tumulum à suo propinquissimo mactatur, unàque cum viro humatur.* Herod. *lib.* 5. Voyez aussi Val. Maxime, *liv.* 2. *Ch.* 7. Pompon. Mela, *liv.* 2. *Ch.* 2. & Solin, *ch.* 10.

(*b*) *Zamolxis hic homo fuit, Samique servitutem servivit Pythagoræ Mnesarchi filio. Illins nactus libertatem, in patriam rediit. Qui cùm animadverteret Thraces malè viventes & inscitè ... domicilium extruxit, in quod primarios quosque popularium in convivium accipiebat. Et inter convivandum docebat, neque se, neque suos convivas, neo eos qui ex ipsis in omne tempus nascerentur, interituros, sed in eum locum ituros, ubi superstites omnium bonorum compotes essent. Dum ea ageret atque diceret, interim subterraneum ædificium struebat: quo prorsus abso-*

L iij

qu'il avoit enseigné à ces Peuples, qu'au sortir de cette vie ils iroient dans un lieu où ils joüiroient de toutes sortes de biens ; que pour faire recevoir sa Doctrine avec plus de respect, il s'étoit caché pendant trois ans dans un lieu souterrain, & qu'au bout de ce terme il s'étoit fait revoir comme un homme qui avoit eû commerce avec les Dieux. Selon cet Historien (*a*), Zamolxis avoit été esclave de Pythagore ; Diogène Laërce assure la même chose (*b*).

Les Gaulois ne s'étoient pas rendus moins célébres que les Thraces, par le mépris que leur inspiroit pour la mort

lato, è Thracûm conspectu se subducit, descendens in illud subterraneum ædificium, ubi circiter triennium egit, desiderantibus eum Thracibus. Quarto anno se iisdem in conspectum dedit ; atque ita credibilia sunt effecta, quæ illis proposuerat. Herod. lib. 4.

(*a*) Voyez la Note précédente.
(*b*) *Habuit servum Zamolxim, quem Getæ Deum faciunt, Saturnum, ut ait Herodotus, existimantes. Diog. Laërt. in Pythag.*

l'espérance qu'ils avoient conçûe de l'immortalité. Les Druides qui étoient tout ensemble leurs Philosophes, leurs Législateurs & leurs Prêtres, avoient établi cette opinion parmi eux, afin de les rendre plus vertueux & plus braves (*a*). Ils n'avoient point été trompés dans leur attente; les Gaulois affrontoient les plus grands périls, & ne craignoient point d'exposer une vie, qu'ils croyoient devoir être suivie d'une autre (*b*).

(*a*) *Imprimis hoc volunt persuadere* (Druidæ,) *non interire animas, sed ab aliis post mortem transire ad alios; atque hoc maxime ad virtutem excitari putant, metu mortis neglecto.* Cæf. de Bel. Gal. lib. 6. & Mela, lib. 3. cap. 1. *Unum ex iis quæ præcipiunt, in vulgus effluit, videlicet ut forent ad bella meliores, æternas esse animas, vitamque alteram ad manes.* V. Diodor. lib. 6. Val. Max. lib. 3. & Strab. lib. 4.

(*b*) C'est ce que Lucain exprime dans ces vers, De Bel. Civ. lib. 1.

     Vobis auctoribus, umbræ
Non tacitas Erebi sedes, Ditisque profundi
Pallida regna petunt: regit idem spiritus artus
Orbe alio; longæ, canitis si cognita, vitæ

Parmi tous ces Peuples que je viens de nommer, il n'y avoit que deux sentimens sur l'état de l'ame après sa séparation d'avec le corps. Les uns la faisoient aller dans un lieu, où elle étoit punie ou récompensée selon ses mérites : d'autres prétendoient qu'elle passoit dans un autre corps, pour y recommencer une nouvelle vie ; c'est ce qu'on appelloit la Métempsycose. Cette derniere opinion étoit sans contredit la plus généralement reçue dans les premiers tems. Comme les Egyptiens la croyoient (*a*), il n'est pas surprenant que ce fût le sentiment commun parmi les Anciens, puisque ces Peuples passoient pour avoir comuniqué les sciences au reste du monde, & qu'ils étoient regardés comme les Peres de tou-

Mors media est . . . . Indè ruendi
In ferrum mens prona viris, animæque capaces
(Mortis, & ignavum redituræ parcere vitæ.
a) Voyez *pag*. 161. N. (*a*).

te la Philosophie (*a*). Il est vrai que ce sentiment avoit varié selon le génie différent des hommes. Les uns après la mort envoyoient l'ame seulement dans des corps humains ; d'autres dans des corps d'hommes & d'animaux indifféremment: quelques-uns, comme les Egyptiens (*b*), étoient persuadés que l'ame parcouroit successivement toutes les especes d'animaux de la Terre, de l'Air & des Eaux, après quoi elle retournoit dans un corps humain ; mais le fond de la Doctrine étoit par-tout le même. On croyoit donc communément, qu'après la mort les ames passoient dans d'autres corps, soit d'hommes, soit d'animaux, pour y être punies ou récompensées selon leurs mé-

―――――――――――

(*a*) *Omnium philosophiæ disciplinarum parentes.* Macrob. Sat. cap. 19.
(*b*) *Atque ubi per omnia se circumtulisset, terrestria, marina, volucria, rursùs in aliquod corpus genitum introire,* (animam dicebant Ægyptii.) Herod. lib. 2.

rites précédens, par la vie heureuse ou malheureuse qu'elles alloient mener dans ces nouveaux corps (*a*). Telle étoit l'opinion la plus généralement reçue dans l'Antiquité. Tous ceux qui nous apprennent que les Gaulois croyoient l'ame im-

(*a*) Claudien nous traçant une peinture de cette opinion, dit qu'après la mort le Juge des Enfers envoie les ames des méchans dans les corps des bêtes dont ils ont eu les inclinations, ou qui ont elles-mêmes des inclinations contraires. Ainsi, dit-il, *in Rufin. lib.* 1. les hommes cruels deviennent Ours, les voleurs Loups, les trompeurs Renards, &c.

Nam juxtà Rhadamantus agit. Cùm gesta
  superni
Curriculi, totosque diù perspexerit actus:
Exæquat pœnam meritis, & muta ferarum
Cogit vincla pati. Truculentos injicit ursis,
Prædonesque lupis; fallaces vulpibus addit.
At qui desidiâ semper vinoque gravatus,
Indulgens ventri, voluit torpescere luxu;
Hunc suis immundi pingues detrudit in artus.
Qui justo plus esse loquax, arcanaque suevit
Prodere, piscosas fertur victurus in undas,
Ut nimiam pensent æterna silentia vocem.

mortelle, nous difent en même tems qu'ils admettoient la Métempfycofe (a). Mela nous apprend que parmi les Thraces plufieurs étoient de ce fentiment (b). On fçait que les Indiens ont été & font encore de grands Partifans de cette opinion, & qu'elle s'eft répanduë dans la fuite jufques dans la Chine & au Japon. Pythagore l'avoit rendue célebre dans la Grece & en Italie (c); & elle s'eft confervé des Sectateurs illuftres parmi les Grecs, même après l'établiffement du Platonifme.

Ce que nous venons de rapporter de l'opinion où étoient les Anciens fur l'état

(a) Voyez pag. 167. N. (a).
(b) *Quidam feri funt, & ad mortem paratiffimi, Getæ utique. Id varia opinio perficit. alii redituras putant animas obeuntium; alii, etfi non redeant, non extingui tamen, fed ad beatiora tranfire.* Mela, lib. 2. cap. 2. & Solin, cap. 10. *Concordant omnes ad interitum voluntarium, dum nonnulli eorum putant obeuntium animas reverti, alii non extingui, fed beatas magis fieri.*
(c) Voyez Ovide, Metam. lib. 15.

de l'ame au sortir de cette vie, doit servir à nous faire connoître l'idée que s'en formoient ceux d'entr'eux, qui se contentoient de la croire immortelle sans raisonner sur sa nature.

Chez les Thraces, par exemple, plusieurs s'imaginoient, comme nous l'avons vû (*a*), aller après cette vie dans un lieu délicieux, où ils jouissoient de toutes sortes de biens. Ces hommes simples & grossiers comptoient sans doute sur des plaisirs sensuels, tels que parmi les Mahométans le peuple espere en posséder dans le Paradis. Ainsi on comprend d'abord qu'il ne faut point chercher chez eux une idée de spiritualité, qu'on ne trouve pas même, comme on va le voir, chez les Nations les plus polies.

Les Egyptiens, les Gaulois, les Mages, les Gymnosophistes, en un mot tous

(*a*) *Voyez pag.* 165. N. (*b*) & *pag.* 171. N. (*b*).

ceux qui croyoient la Métempsycose, ne mettoient point de différence entre l'ame des bêtes & celle de l'homme. C'est pour cela que les Pythagoriciens s'abstenoient de manger des animaux, par la crainte de se nourrir d'une chair animée par leurs semblables. Ces Peuples ne regardoient l'ame que comme le principe de la vie, comme une substance qui fait vivre & respirer le corps auquel elle est unie, & qui prive de la respiration & de la vie celui qu'elle abandonne. Ils n'en avoient point d'autre idée, que celle d'une matiere subtile, légere & déliée, qui passoit d'un corps dans un autre, c'est-à-dire, qui pouvoit entrer, sortir & être contenuë dans un lieu. Cela est si vrai, que les Philosophes qui ont puisé chez les Egyptiens leur doctrine sur ce sujet, n'en ont point eu eux-mêmes d'autre idée.

Quoique quelques-uns ayent attribué

à Pythagore d'avoir enseigné que l'ame étoit une harmonie (*a*), Ciceron dit positivement (*b*) que les Pythagoriciens ne s'expliquoient point là-dessus, & qu'il n'étoit question chez eux que de nombres & de lignes. Mais, ceux qui dans le même tems raisonnerent sur cette matiere, ne garderent pas le même silence, &

(*a*) C'est Macrobe, *in Somn. Scip. lib.* 1. *cap.* 14. qui rapporte en ces termes les divers sentimens des Philosophes sur la nature de l'ame: *Plato dixit animam essentiam se moventem, Xenocrates numerum se moventem, Aristoteles ἐντελέχειαν, Pythagoras & Philolaus harmoniam, Possidonius ideam, Asclepiades quinque sensuum exercitium sibi consonum, Hippocrates spiritum tenuem per omne corpus diffusum, Heraclides Ponticus lucem, Heraclitus Physicus scintillam stellaris essentiæ, Zenon concretum corpori spiritum, Democritus spiritum insertum atomis, Critolaus Peripateticus constare eam de quintâ essentiâ, Hipparchus ignem, Anaximenes aëra, Empedocles & Critias sanguinem, Parmenides ex terrâ & igne, Xenophanes ex terrâ & aquâ, Epicurus speciem ex igne, & aëre & spiritu mixtam.*

(*b*) *Rationem illi sententiæ suæ non fere reddebant, nisi quid erat numeris aut descriptionibus explicandum.* Cic. Tusc. Quæst. lib. 1.

voulurent commencer par définir une chose qui faisoit tout le sujet de la question. Empédocle, Parménide, Héraclite, Dicéarque, tous presque contemporains de Pythagore, entreprirent de fixer précisément l'idée qu'on devoit se former de l'ame par une définition juste, qui comprît la nature de cette substance. Ils étudierent beaucoup, ils méditerent, ils voyagerent pour s'en instruire ; & après tant d'études, de réflexions & de voyages, ils ne laisserent pas de la définir d'une maniere toute différente. Empédocle assura que l'ame étoit un sang subtil (*a*) ; Parménide, qu'elle étoit composée de terre & de feu ; Xénophanes,

---

(*a*) *Empedocles animum esse censet cordi suffusum sanguinem. Zenoni Stoico animus ignis videtur. Proximè autem Aristoxenus Musicus, idemque Philosophus, intentionem ipsius corporis quandam, velut in cantu & fidibus, quæ harmonia dicitur. Democritum, magnum quidem illum virum, sed lævibus & rotundis corpusculis efficientem animum concursu quodam fortuito, omittamus.*

qu'elle étoit formée de terre & d'eau, Epicure, qu'elle étoit composée d'air, de feu & d'esprit ; Zénon & Hipparque, qu'elle étoit un feu subtil ; Anaximenes, qu'elle étoit un air très pur ; Hippocrate la confondit avec les esprits animaux ; Aristoxene, Philosophe & Musicien, ne la regarda que comme une harmonie ; Démocrite dit qu'elle étoit un souffle composé d'Atomes très déliés ; Héraclite, qu'elle étoit une étincelle du feu des Astres : Dicéarque soutint, qu'elle n'étoit autre chose que le corps même. Il seroit ennuyeux de rapporter plus au long tous les sentimens particuliers des Philosophes sur cette matiere ; ce que je viens d'en dire suffit pour faire connoître qu'ils convenoient tous en ce qu'ils donnoient de l'ame une idée corporelle, & que Platon

ramus. Quid de Dicæarcho dicam, qui nihil omnino animum dicat esse? Cic. Tusc. Quæst. lib. I. Joignez à ce passage celui de Macrobe cité pag. 174. N. (a).}

est

ton est le premier qui ait spiritualisé cette idée. C'est pourquoi nous allons examiner de quelle manière il s'y prit, pour établir un système qui eut d'abord beaucoup de sectateurs, & qui dans la suite a été embrassé généralement de tout le monde.

Il y avoit déja plus d'un siecle qu'on disputoit parmi les Grecs sur la nature de l'ame, lorsque Platon entreprit de traiter aussi cette matière. Il étoit allé en Egypte puiser à la source, ainsi que les autres Philosophes qui l'avoient précédé; mais les Egyptiens qui lui apprirent des choses curieuses sur l'Histoire ancienne, ne lui communiquerent pas vraisemblablement beaucoup de lumieres sur la question qu'il vouloit examiner : il eut donc besoin d'en trouver de plus grandes dans son propre génie. Il puisa en effet dans son propre fond; & la maniere dont il le fit lui acquit tant de

M

gloire, qu'on le regarda alors, & qu'on l'a toujours regardé depuis comme le premier des Philosophes (*a*). Son syftême fur l'ame n'eft pourtant pas aifé à entendre, & ne manque pas d'obfcurité. Dans ce tems-là on étoit moins accoutumé qu'aujourd'hui aux idées claires & diftinctes : un difcours brillant faifoit aifément paffer un raifonnement obfcur, & quelquefos faux. Quoiqu'il en foit, nous allons tâcher d'expofer en peu de mots ce nouveau fyftême, que Platon imagina fur la nature de l'ame.

On doit obferver dabord, que pour exprimer l'ame, ce Philofophe s'eft fervi du mot Grec Νῦς qui fignifie *la penfée*, & que les Latins rendent par celui de

___

(*a*) Cicéron faifoit tant de cas de Platon, que dans les Tufculanes, *liv.* 1. il ne craint point de faire dire à Atticus : *Errare meherculè malo cum Platone . . . quàm cum iftis vera fentire.* Et plus bas il ajoûte : *Ut enim rationem Plato nullam afferret,* (*vide quid homini tribnam*) *ipfâ autoritate me frangeret.*

Mens. Ainsi il suppose ce que personne n'avoit encore dit avant lui, que l'ame & la pensée sont une même chose. Il soutient ensuite que la pensée est immortelle, parce que, selon lui, elle est éternelle; & il prouve qu'elle est éternelle par cet argument. (*a*) Ce qui est dans un perpétuel mouvement, & qui n'a reçu ce mouvement de personne, est éternel: or la pensée est dans un perpétuel mouvement, & elle n'a reçu ce mouvement de personne, parce que, dit-il, on sent bien qu'elle se meut d'elle-même, & qu'elle n'a besoin de personne pour se mouvoir; donc la pensée est éternelle.

Une autre preuve de Platon pour l'immortalité de l'ame, est celle dont on se sert ordinairement aujourd'hui; je veux dire, la simplicité de sa nature. Mourir, dit ce Philosophe (*b*), n'est autre chose que

(*a*) *In Phædro.*
(*b*) *In Phædone.*

M ij

se dissoudre & se corrompre : or l'ame qui est une substance simple, ne peut se dissoudre, ni se corrompre; donc elle ne sçauroit mourir.

Tel est en deux mots le précis des longs raisonnemens de Platon sur la nature de l'ame (*a*) contenus dans deux Dialogues fort diffus & fort embarassés, & l'on peut dire, si obscurs, que sans aider beaucoup à la lettre, il est difficile en les lisant de se laisser convaincre de son immortalité. Ainsi il est très-probable, que Caton & les autres qui se donnerent la

(*a*) Ces deux raisonnemens de Platon qu'on vient de lire, ont été rendus par Ciceron au second livre de ses Tusculanes. On peut en conclure, 1°. que Platon attribuoit à l'ame le pouvoir de se mouvoir par elle-même; 2°. que ce Philosophe croyoit l'ame, non-seulement immortelle, mais même éternelle. Après cela doit-on être surpris, qu'il regardât l'ame comme une portion de la Divinité? Non sans doute : c'étoit une conséquence naturelle de ses principes; & par la même raison on ne doit point être étonné, que nos Métaphysiciens admettant les raisonnemens de Platon sans oser admettre ses principes, déraisonnent sur la nature de l'ame.

mort après les avoir lûs, eurent besoin de quelque raison plus forte & plus persuasive, pour se résoudre à quitter la vie sans regret.

Je ne dis rien de l'ame irascible & de l'ame concupiscible, dont Platon met l'une dans la poitrine, & l'autre dans les entrailles. On voit que par-là il entend seulement des proprietés du corps auxquelles il lui a plû de donner le nom d'ame, puisque, selon lui, l'ame n'est véritablement autre chose que la pensée, qu'il appelle l'ame raisonnable, & qu'il place dans la tête (*a*). Or cette pensée, ou ame raisonnable, est une portion de l'ame universelle du Monde. Car, selon Platon & tous les Platoniciens, comme tous

_____

(*a*) *Plato triplicem finxit animam : cujus principatum, id est rationem, in capite sicut in arce posuit, & duas partes separare voluit, iram & cupiditatem, quas locis disclusit ; iram in pectore, cupiditatem subter præcordia locavit.* Cic. Tusc. Quæst. lib. 1.

les corps particuliers ne font que des portions de la matiere univerfelle, il y a auffi une ame univerfelle répandue par tout l'Univers, d'où font tirées toutes les ames particulieres des hommes & des bêtes, & qui animent tout ce qui refpire. Cette ame univerfelle, ces Philofophes la regardoient comme une troifiéme chofe en Dieu. Le Pere, ou le Créateur du monde; le Verbe, ou l'Intellect divin, & l'ame univerfelle, compofoient avec lui cette Trinité fameufe, qu'on eft aujourd'hui étonné de trouver dans leurs écrits, mais qui dans le fond n'a rien de fort admirable, puifque dans l'idée de ces Philofophes elle confondoit l'ame avec la Divinité, l'efprit créé avec l'incréé. C'eft pour cela qu'on trouve fi fouvent dans les Anciens, que l'ame eft une portion de la Divinité (*a*). ” Dieu, dit Virgile

(*a*) Il n'étoit pas poffible que Platon & fes Sectateurs euffent d'autres fentimens de l'ame, puifque foutenant qu'elle étoit éternelle, qu'elle n'avoit point de commencement, qu'elle exif-

„ (*a*), est mêlé à la terre, aux mers &
„ aux vastes cieux: son esprit est répan-
„ du par tout. C'est de lui que les hom-
„ mes & les animaux, de quelque espece

toit & se mouvoit par elle-même, qualités qui ne conviennent qu'à la Divinité, il falloit nécessairement, ou que de toutes les ames particulieres ils fissent autant de Dieux, ou qu'ils ne les regardassent toutes que comme des portions d'une même masse, à laquelle ils donnoient le nom d'ame universelle, & qui dans leur façon de penser n'étoit en effet autre chose que Dieu. Telle est encore aujourd'ui l'opinion de tous les Philosophes Persans & Indiens, comme on peut le voir dans la Lettre de M. Bernier écrite de Schiras à M. Chapelain, dans laquelle il prouve que cette doctrine sappe tous les fondemens de la Religion, puisque delà il s'ensuivroit que nous serions tous autant de Dieux, que nous nous serions imposé à nous-mêmes un culte qui ne s'adresseroit qu'à nous, & que nous aurions imaginé un Paradis & un Enfer, dont l'un ne nous regarderoit point, tandis que nous serions assurés de l'autre.

(*a*) . . . . Deum namque ire per omnes
Terrasque, tractusque maris, cœlumque
profundum.
Hinc pecudes, armenta, viros, genus omne ferarum,

M iiij

» qu'ils foient, refpirent dans leur origi-
» ne les ames dont ils font animés; &
» c'eft à cet efprit qu'elles fe réuniffent
» toutes à la diffolution de leurs corps. «

Les Dialogues Philofophiques de Platon eurent beaucoup de fuccès, & lui acquirent un grand nombre de Difciples. Mais foit que le fyftême de ce Philofophe fur la nature de l'ame fût inintelligible, foit que l'efprit humain naturellement porté vers les chofes fenfibles ne pût goûter fes raifonnemens abftraits, il arriva que fon fentiment fut fort applaudi fans être entendu. La plûpart des hommes ne pouvant fe défaire de l'idée matérielle qu'ils s'étoient toujours formées de leur ame, continuerent à fe la repréfenter comme auparavant.

Quemque fibi tenues nafcentem arceffere
vitas.
Scilicet huc reddi deindè, ac refoluta referri
Omnia . . . .
Virg. Georg. lib. 4.

Jamais le Platonisme ne fut plus en vogue, qu'au tems de l'établissement de l'Evangile: cependant jamais les hommes n'ont eu une notion plus imparfaite de la nature de l'esprit. Non-seulement ils ne spiritualisoient point cette substance qui nous anime, mais ils donnoient même des corps à ces Etres si élevés au-dessus de la nature humaine, aux Anges, aux Démons. Le fameux Philon Juif, en qui l'on disoit que l'ame de Platon avoit passé, & tous les premiers Chrétiens, au nombre desquels on comptoit des Platoniciens illustres, tels qu'Athénagore, saint Justin Martyr, saint Clement d'Alexandrie, saint Irénée, &c, n'en avoient point d'autre idée, lorsqu'ils soutenoient que les enfans de Dieu, qui au commencement du Monde eurent commerce avec les filles des hommes (*a*), n'étoient autre chose que les Anges qui habiterent

(*a*) Gen. cap. 6 V. 2.

avec les femmes, & que de ce commerce naquirent les Géans, ou les Démons (*a*). Mais pour ne parler précisément que du sujet dont il s'agit ici, il est certain que quoique les premiers Chrétiens eussent une vénération très-particuliere pour Platon, qu'ils regardoient comme celui de tous les Philosophes qui eût le mieux parlé de la Divininité, ils n'en avoient pas mieux compris son systême, & n'en avoient pas une idée moins grossiere & moins matérielle de l'ame.

Tatien qui pensoit que les Anges & les Démons sont des substances spirituelles, c'est-à-dire, selon lui, semblables au feu ou à l'air (*b*), assure que l'ame est non-seulement corporelle, mais mê-

---

(*a*) V. Phil. jud. *lib. de Gig.* Athenag. *Apol. pro Chrift.* Justin. *Apol.* 1. Clem. Alex. *Pœdag. lib.* 3. *cap.* 1. Iren. *adv. Her. lib.* 4. *cap* 7.

(*b*) Δαίμονες δὲ πάντες σαρκίον μὲν ȣ̓ κέκτυνται, πνευματικὴ δέ ἐστιν αὐτοῖς ἡ σύμπηξις, ὡς πυρὸς, ὡς ἀέρος. Tatian *Orat. ad Græc. cap.* 25.

me mortelle (*a*), & n'admet aucune autre différence entre les bêtes & les hommes, qu'autant que ceux-ci font habiter Dieu en eux par leur pureté.

Théophile d'Antioche parle de l'immortalité d'une maniere affez embrouillée; cependant il n'eft pas impoffible de démêler quelle eft fa penfée à ce fujet. Après avoir dit de l'ame que quelques-uns la croyent immortelle, il ajoûte, qu'on ne peut néanmoins concevoir que ce qui eft immortel ne foit pas Dieu (*b*).

Saint Juftin décide de même, qu'on ne doit pas dire que l'ame foit immortelle, parce que, felon lui, ce qui eft immortel ne peut avoir eu de commencement (*c*).

(*a*) Tatian. *ibid. cap.* 21.
(*b*) Theophil. *ad Autol. lib.* 2.
(*c*) Οὐ δὲ μὴ ἀθάνατον χρὴ λέγειν αὐτήν, ὅτι εἰ ἀθάνατός ἐςι, ἢ ἀγέννητος δυλαδή. Juftin. *Dial. cum Tryph.*

Saint Irenée ne s'exprime pas moins clairement fur le même fujet. Les ames, felon ce Pere, ayant commencé d'être, il feroit naturel qu'elles finiffent de même; mais Dieu par fa toute-puiffance les conferve éternellement (*a*).

Il eft inutile d'avertir ici, qu'il eft égal de dire que l'ame eft mortelle, ou d'affûrer qu'elle eft corporelle. On fçait que l'ame ne peut être immortelle de fa nature, qu'autant qu'elle eft fpirituelle, parce qu'il n'y a que l'efprit, qui par fa nature foit immortel. Ce qui eft mor-

(*a*) *Si qui autem hoc in loco dicant, non poffe animas eas, quæ paulò antè effe cœperint, in multùm temporis perseverare; fed oportere eas aut innafcibiles effe, ut fint immortales, vel fi generationis initium acceperint, cum ipfo corpore mori : difcant, quoniam fine initio & fine fine ... folus eft Deus, qui eft omnium Dominus. Quæ autem funt ab illo omnia, quæcumque facta funt, & fiunt, initium quidem fuum accipiunt generationis; perfeverant autem & extenduntur in longitudinem fæculorum, fecundùm voluntatem factoris Dei. Iren. adv. Hæres. lib. 2. cap. 64.*

tel ne peut donc être esprit. Par conséquent en disant que l'ame est mortelle, Théophile, Saint Justin, & Saint Irenée assurent en même-tems qu'elle est corporelle.

Il n'est pas étonnant que Tertullien ait fait l'ame corporelle, puisqu'il donnoit un corps à Dieu même. Il n'avoit vrai-semblablement d'autre idée de l'esprit, que celle d'une matiere extrêmement déliée; car voici comment il parle de la Divinité. ″ Quoique Dieu, dit-il (*a*), soit ″ un esprit, qui niera qu'il soit un corps, ″ l'esprit n'étant autre chose qu'une espe- ″ ce de corps accompagné d'une figure ″ qui lui est propre (*b*) ? « Dans un

―――――――

(*a*) *Quis negabit Deum esse, etsi Deus spiritus ? Spiritus enim corpus sui generis in suâ effigie.* Tertul. cont. Prax.

(*b*) On est naturellement choqué de ces expressions de Tertullien ; & il faut convenir en général, qu'il est difficile d'excuser les Peres des premiers siecles sur ce qu'ils ont fait l'ame corporelle. On pourroit dire pour les excuser, qu'ils ne lui ont attribué un corps ainsi qu'aux Anges, &

Traité qu'il a composé exprès sur l'ame, il prouve par de longs raisonnemens que cette substance est corporelle (*a*), qu'el-quelquefois à Dieu même, que pour donner à entendre que ce n'étoit point un simple mode, une maniere d'être, mais une substance subsistante par elle-même. Peut-être aussi le plus court seroit-il d'avouer ingénuement qu'ils se sont trompés sur cet article. Il n'en est pas de même de ceux d'entr'eux qui ont nié que l'ame fût immortelle. Ceux qui soutiennent aujourd'hui la même opinion se flatteroient en vain de leur autorité pour appuyer leur erreur, comme si malgré ce que la Religion enseigne, ces anciens Docteurs de l'Eglise avoient nié l'immortalité. Tout ce qu'on peut conclure de ce qu'ils ont écrit à ce sujet, est qu'ils ont nié que l'ame fût immortelle comme Dieu est immortel, c'est-à-dire nécessairement, par son essence & sa nature ; qu'ils ont nié qu'elle fût immortelle de la maniere dont l'entendoit Platon, qui confondoit son immortalité avec son éternité ; en un mot, qu'ils l'ont crû matérielle & mortelle de sa nature, mais que conformément aux lumieres de la foi, ils ont pensé que Dieu lui avoit accordé l'immortalité par sa pure bonté & par sa grace. Si ce sentiment n'est pas du goût de nos Métaphysiciens modernes, au moins n'a-t-il rien de contraire à la doctrine de l'Eglise.

(*a*) Dans le Chapitre septiéme, après avoir parlé de l'ame du mauvais Riche qui brûloit dan

le est de même figure que le corps qu'elle habite, & qu'elle est produite en nous au moment de la conception par l'ame de nos parens, de même que notre corps est engendré par le leur. Il est vrai qu'il dit aussi qu'elle est immortelle; mais il est évident qu'il n'entend parler que d'une immortalité gratuite, & non d'une immortalité d'essence & nécessaire.

Arnobe s'emporte contre Platon, & contre les autres Philosophes qui ont fait l'ame immortelle (*a*) : il dit que c'est un effet de leur orgueïl; que l'ame est naturellement mortelle, mais que Dieu

l'Enfet, & de celle de Lazare qui reposoit dans le sein d'Abraham, il ajoûte : *Si non haberet anima corpus, non caperet imago anmæ imaginem corporis ; nec mentiretur de corporalibus membris Scriptura, si non erant . . . Igitur si quid tormenti, sive solatii, anima præcerpit in carcere seu diversorio inferûm, in igne vel in sinu Abrahæ, probata erit corporalitas animæ. Incorporalitas enim nihil patitur, non habens per quod pati possit.*

(*a*) Arnob. cont. Gent. Arnobe avoit raison de s'emporter contre Platon, puisqu'il confondoit l'éternité de l'ame avec son immortlité.

la conserve par sa pure bonté. Il assure aussi, comme Tertullien, que ce sont les parens qui engendrent le corps & l'ame.

Après avoir parlé de la diversité des opinions sur la nature de l'ame, Lactance, Disciple d'Arnobe, établit son systême comme une doctrine beaucoup plus raisonnable, & soutient qu'elle est une lumière qui se nourrit de l'humeur du sang (*a*), de même que la lumiere d'une lampe se nourrit de celle de l'huile.

En un mot ceux même qui dans le Christianisme faisoient profession du Platonisme, avoient une idée toute matérielle de la nature de l'esprit. Pour s'en convaincre, il suffit de lire ce que dit Psellus, qui s'appuyant sur l'autorité des Peres, sur-tout de Saint Basile, assure

(*a*) *Videtur anima similis esse lumini, qua non ipsa sit sanguis, sed humore sanguinis alatur, sicut lumen oleo.* Lactant. *de Opif. Dei*, cap. 17.

que

que les Anges & les Démons peuvent être vûs & touchés, & qu'on sçait par des faits certains qu'il y en a eu qui se sont brûlés, & qui ont laissé de leurs cendres. Synésius, Evêque de Ptolémaïde & grand Platonicien, dit grossierement (*a*) que l'ame a un corps subtil & aërien, avec lequel elle s'envôle au Ciel quand elle quitte son corps grossier & terrestre.

Nous aurions un plus grand nombre de preuves que les Chrétiens de ces premiers siecles n'avoient point de leur ame une autre idée que celle d'un corps, si un plus grand nombre d'entr'eux avoit écrit sur cette matiere. Un des plus anciens Conciles de l'Eglise nous fait connoître quelle étoit à ce sujet l'opinion commune de tous ceux qui le composoient (*b*), en défendant sous peine d'a-

(*a*) V. Synes. *De insomniis*.
(*b*) C'est le Concile d'Elvire en Espagne, tenu en 305. vingt ans avant le Concile de Ni-

nathême d'allumer des Cierges dans les Cimetieres pendant le jour, de peur, dit-il, d'effaroucher les ames des Saints. J'ajoûterai, qu'un autre Concile beaucoup plus célebre & plus récent peut être soupçonné de n'avoir pas eû des idées plus parfaites de la nature de l'esprit. C'est le sixieme Concile œcuménique tenu en 681. dans lequel Sophronius, Patriarche de Jérusalem, ayant avancé que les ames, ni même les Anges, n'étoient point immortels & incorruptibles de leur nature, mais seulement parce que Dieu leur a accordé l'immortalité & l'incorruptibilité, le Concile ne l'en reprit point, & ne censura pas sa doctrine (*a*).

Que si autrefois on confondoit l'esprit

cée. Il ordonne, *cap.* 34. *Cereos per diem placuit in Cœmeteriis non incendi: inquietandi enim spiritus Sanctorum non sunt. Qui hæc non observaverint, arceantur ab Ecclesiæ communione.*

(*a*) En effet l'Eglise n'a encore rien défini expressément au sujet de la spiritualité des Anges & de l'ame humaine.

avec la matière, en représentant l'ame comme une substance corporelle, on peut dire qu'en récompense on attribuoit à la matière des propriétés qu'on a crû depuis ne convenir qu'à l'esprit. Depuis l'établissement du Cartésianisme, on a crû le corps incapable d'aucun sentiment de plaisir ou de douleur : au contraire on s'imaginoit autrefois, que le corps seul étoit capable de ces sentimens. On croyoit l'ame susceptible de joie, de tristesse, de désir & d'inquiétude ; mais pour ces sentimens vifs qu'on appelle proprement plaisir & douleur, on l'en jugeoit absolument incapable. C'est pour cette raison que parmi les Payens, ceux qui ont fait quelque attention sérieuse à ce qui se disoit de l'autre vie, ne comprenant pas que l'on pût rien souffrir sans avoir un corps, ont enfin cessé de le croire ; & s'en sont mocqués, comme Cicéron (a)

(a) *Tantùm valuit error, qui mihi quidem*

nous l'apprend. C'est aussi ce qui a fait sentir la nécessité d'une résurrection future, parce qu'en reconnoissant un Dieu juste, qui doit punir les crimes & récompenser les vertus, on ne sçauroit comprendre autrement comment il peut exercer sa justice. Il est certain, que les premiers Chrétiens ne donnoient point d'autre raison de la résurrection des corps. Athénagore qui a traité exprès cette matiere, ne dit autre chose (*a*) sinon que Dieu étant juste, doit donner aux uns la récompense qui leur est dûë, & faire souffrir aux autres le châtiment qu'ils ont mérité ; & que cela ne se peut faire qu'en supposant la résurrection. Tertullien & les autres en

---

jam sublatus videtur, ut corpora cremata cùm scirent, tamen ea fieri apud inferos fingerent, quia sine corpore nec fieri possent, nec intelligi. Cic. Tusc. Quæst. lib. I.

a) Athenag. *De Resur. mort.*

ont parlé de même (*a*), en y ajoûtant seulement quelques autres preuves, qu'il est inutile d'examiner ici.

C'est sans doute sur ce fondement, que dans les premiers siecles de l'Eglise on étoit dans une opinion, qui de nos jours non-seulement paroîtroit fort extraordinaire, mais seroit même regardée comme Hérétique. Aujourd'hui on croit qu'aussi-tôt après la mort l'ame est présentée au Tribunal de Dieu, pour y subir son jugement, & pour recevoir sur le champ, en conséquence de l'Arrêt qui y est rendu, la récompense de ses vertus, ou le châtiment de ses crimes. Il n'en étoit pas ainsi dans ces premiers

_____

(a) *Hæc erit tota causa, imò necessitas resurrectionis congruentissima scilicet Deo destinatio judicii: de cujus dispositione disquiras, an utrique substantiæ humanæ dijudicandæ censura divina præsideat, tam animæ quàm corpori. Quod enim congruet judicari, hoc competet etiam resuscitari.* Tertul. De Resur. carn. cap. 14.

tems. Ce jugement particulier n'étoit point connu des premiers Chrétiens, qui n'attendoient d'autre jugement de Dieu, que le Jugement universel, où les ames réünies à leurs corps devoient être récompensées ou punies selon leurs mérites. Jusques-là ces ames rassemblées dans un lieu que Dieu avoit destiné à leur servir de demeure, exemptes de peines & de plaisirs, attendoient la résurrection future qui devoit décider de leur sort pour l'éternité. Cette opinion n'étoit point particuliere à quelques-uns; c'étoit le sentiment commun des Peres & des Ecrivains Ecclésiastiques les plus anciens, & les plus habiles (*a*). Il est inutile d'exa-

―――――――――

(*a*) V. Clem. Rom. Recognit. 1. Just. in Quæst. à Gent. positis, Quæst. 76, Iren. adv. Hæres. Tertul. cont. Marc. lib. 4. Origen. Princ. lib. 2. & 4. Theodor. ad cap. 2. Ep. ad Hebr. August. in Psal. 36. Ambr. lib. de bono mortis, cap. 10. Chrisost. Homil. 39. in 1. ad Cor. Lactant. Div. Just. lib. 3. cap. 24. &c.

miner ici d'où peut être venu ce changement dans la doctrine de l'Eglife : il me fuffit de faire obferver, que cette opinion ne pouvoit avoir pour fondement que l'un de ces deux principes ; ou bien que l'ame féparée du corps ne peut être capable de douleur & de plaifir ; ou que l'homme tout entier ayant été vertueux ou criminel, il doit recevoir tout entier la récompenfe ou le châtiment qu'il mérite.

Ce que nous venons de dire de l'opinion qu'on avoit confervée fur la nature de l'ame, & de l'idée peu fpirituelle que l'on continuoit de s'en former long-tems même après l'établiffement du Platonifme, doit nous convaincre de l'extrême difficulté avec laquelle le fyftême de la fpiritualité s'eft introduit dans l'efprit des hommes. Il fallut renoncer à une maniere de penfer ancienne, naturelle & facile, pour en embraffer une nouvelle, difficile

& abstraite. Il fallut imposer silence à une imagination rebelle, qui jusqu'à-lors s'étoit toujours crûe en droit de former seule & de représenter cette ame, à laquelle on vouloit qu'elle n'eût plus de part. Tout cela coûta beaucoup d'efforts, & consuma bien du tems. Cependant à force de s'appliquer, de méditer & de raisonner sur cette question, on se dégagea peu à peu de la matiere : les esprits se subtiliserent insensiblement, & on parvint enfin à se persuader, soit à tort ou avec raison, qu'il étoit essentiel à l'immortalité de l'ame que cette substance ne fût point un corps. Il resta sans doute encore beaucoup d'incrédules, qui conserverent toujours leurs images grossieres, puisqu'il s'en trouve même aujourd'hui un assez-grand nombre. Hippocrate continua d'avoir des Sectateurs; Empedocles & Démocrite en eurent de même; mais Platon prévalut. Son opinion devint la plus générale & la plus suivie; & non-seulement on convint que l'ame étoit immortelle: on lui accorda aussi la spiritualité, qui lui avoit été si long-tems refusée (*a*).

CHAPITRE VII.
De l'Origine des hommes & des Animaux.

QUOIQUE ce ne fût pas mon dessein d'examiner la différence qui peut être entre l'ame humaine & celle des bêtes, j'ai voulu cependant donner dans le Chapitre précédent une idée de la maniere dont on pensoit autrefois au sujet de l'homme comparé avec les autres animaux, avant que d'entrer dans le détail des opinions des Anciens touchant l'ori-

(*a*) *Obtinuit non minus de æternitate ejus, quàm de incorporalitate sententia,* Macrob. in Somn. Scip. lib. 1. cap. 14.

gine des uns & des autres, & leur antiquité sur la Terre. C'est ce que je me propose de traiter dans ce Chapitre.

Nous n'avons rien à dire de ceux qui ont soutenu l'éternité du Monde quant à sa matiere & à sa forme: on voit assez qu'ayant crû tous les animaux éternels comme la Terre, ils n'ont pû penser autre chose sur leur origine, sinon qu'ils n'en avoient point. A l'égard de ceux qui ont donné un commencement à la forme présente du Monde, ils ont tous assuré que c'étoit la Terre qui avoit produit les hommes & les autres especes d'animaux qui l'habitent. Il n'y a point deux sentimens à ce sujet dans l'Antiquité (a): on a crû généralement que dans les premiers tems de la formation de la Terre, elle renfermoit les semences de

(a) Cependant Plutarque assure, *Sympos.* li^b. 8. qu'Anaximandre faisoit sortir les hommes des poissons.

toutes choses, & que ces semences échauffées alors d'un degré de chaleur convenable, avoient fait éclorre de son sein les plantes & les animaux (*a*).

(*a*) C'étoit, selon Diogene Laërce, l'opinion d'Anaxagore, d'Archelaüs, de Zenon Eleate & de Parménide. C'étoit aussi le sentiment de Lucrece, qui l'a ainsi exprimé dans ces vers de son second Livre :

   Quippe videre licet vivos existere vermes
   Stercore de tetro, putrorem cùm sibi nacta est
   Intempestivis ex imbribus humida tellus.
   . . . .
   Ergò omnis natura cibos in corpora viva
   Vertit, & hinc sensus animantum procreat
      omnes.
   Denique cœlesti sumus omnes semine o-
      riundi :
   Omnibus ille idem pater est, undè alma
      liquentes
   Humorum guttas mater cùm terra recepit,
   Fœta parit nitidas fruges, arbustaque læta
   Et genus humanum.

Et dans son cinquieme Livre :

   Tum tibi terra dedit primùm mortalia sæcla :
   Multus enim calor atque humor superabat
      in arvis.

Les Anciens n'avoient point recours à un Etre intelligent pour la production des Animaux : ils croyoient que la chaleur & l'humidité, l'une & l'autre dans un certain degré, suffisoient pour cette opération; & ils regardoient comme un reste de cette ancienne vertu productrice de la nature, ce qui arrivoit tous les ans en Égypte, où après le débordement du Nil, la terre humectée de ses eaux, & engraissée des limons dont il l'avoit couverte, engendroit avec le seul secours de la chaleur du Soleil une multitude prodigieuse d'insectes. C'est de cette suite

> Hinc ubi quæque loci regio opportuna dabatur,
> Crescebant uteri terræ radicibus apti :
> Quos ubi tempore maturo patefecerat ætas
> Infantum, fugiens humorem aurasque petissens ;
> Convertebat ibi natura foramina terræ,
> Et succum venis cogebat fundere apertis
> Consimilem lacti.

de génération que les Egyptiens concluoient, que leur pays avoit produit sans doute les premiers hommes (*a*). Cependant les autres Peuples ne leur accordoient point cette chimérique préexistence des hommes en Egypte : chacun se croyoit aussi ancien dans la terre qu'il habitoit, que les Egyptiens l'étoient dans la leur. Les Ethiopiens en particulier assuroient, que les Egyptiens étoient sortis d'entre eux (*b*) ; & ils prétendoient le prouver par cette raison, que la mer couvroit encore toute l'Egypte, lorsque l'Ethiopie avoit déja des hommes. Quoiqu'il en soit, les principales Nations de la Terre soutenoient qu'elles avoient été produites dans leur propre pays, & qu'elles n'y étoient jamais venues d'ailleurs

(*a*) *Tradunt Ægyptii, ab orbis initio primos homines apud se creatos.* Diodor. *lib* 1. & Herod. *ib*. 2. Οἱ δὲ Αἰγύπτιοι ἐνόμιζον ἑαυτοὺς πρώτους γενέσθαι πάντων ἀνθρώπων.

(*b*) Voyez Diodore, *liv*. 3.

pour s'y établir (*a*), comme nous allons le faire voir.

Commençons par les quatre grandes Nations, dont les Anciens ne connoissoient gueres que le nom : voici ce que l'Histoire nous en apprend. » Les Indes, » dit Diodore (*b*), sont habitées par un » grand nombre de Peuples différens, qui » sont tous indigens : car aucune Nation » n'y est venue d'ailleurs. Les Indiens » n'ont jamais reçu chez eux de colonies ; » ils n'en ont jamais envoyé au dehors. »
» Ils sont presque, dit Pline (*c*), le seul » Peuple de la Terre, qui ne soit jamais » sorti de son pays. » Il ajoute, qu'ils

---

(*a*) Voyez la fin de ce Chapitre, N. (*).
(*b*) *Indiam omnem (. . . multæ variæque gentes incolunt, quarum nulla originem extra Indiam trahit ; sed omnes indigetes appellantur.* Diodor. lib. 3.
(*c*) *Indi propè gentium soli nunquàm migravére finibus suis . . . Colliguntur à Libero patre ad Alexandrum Magnum reges eorum* CLIV. *annis* VI. M. CCCCLI. *adjiciunt & menses seres.* Plin. Hist. lib. 6. cap. 21.

comptent six mille quatre cens cinquante & un an & trois mois depuis Bacchus jusqu'à Alexandre, & que dans cet intervalle ils ont eu cent cinquante-quatre Rois. Solin en dit à peu près la même chose (*a*). Diodore parlant des Ethiopiens (*b*), assure que tout le monde convient, qu'ils ont été produits dans le pays qu'ils habitent. Le même Auteur rapporte des Scythes (*c*), qu'ils se disoient descendus de Scytha, qui naquit d'une fille moitié serpent que la terre avoit produite; ce qui prouve que cette

_____

(*a*) *Soli Indi nunquam à natali solo recesserunt. Indiam Liber pater primus ingressus est . . . Ab hoc ad Alexandrum Magnum numerantur annorum sex millia quadringenti quinquaginta unus, additis & amplius tribus mensibus, habitâ per reges computatione, qui centum quinquaginta tres tenuisse medium ævum deprehenduntur.* Solin. cap. 52.

(*b*) Diodor. lib. 4.

(*c*) *Fabulantur Scythæ, natam apud se ex terrâ virginem umbilico tenus hominis formâ, reliquâ viperæ; eam genuisse puerum, cujus nomen fuerit Scytha; hunc indidisse populis Scytharum nomen.* Diodor. lib. 3.

Nation ne comptoit devoir son origine, qu'au pays qu'elle habitoit. C'est pourquoi Justin n'en reconnoît point de plus ancienne (*a*). A l'égard des Hyperboréens, comme de tous les Peuples ils étoient ceux dont les Anciens avoient le moins de connoissance, à peine en trouve-t-on dans l'Antiquité autre chose que le nom; & à la réserve de quelques fables (*b*), on n'a jamais rien dit d'eux, sinon qu'ils existoient.

Les Egyptiens ne convenoient point qu'ils fussent une colonie des Ethiopiens. Non-seulement ils soutenoient, qu'ils avoient été produits dans leur propre pays; mais ils se croyoient aussi anciens que le Monde (*c*). Les Phrygiens avoient la

---

(*a*) *Scytharum gens antiquissima semper habita... Antiquiores semper Scythæ visi.* Justin. lib. 2. cap. 1.

(*b*) Voyez *pag.* 113. N. (¹).

(*c*) *Ego certè Ægyptios opinor neque cum loco, quem Delta Iones vocant, pariter extitisse, sed semper fuisse ex quo genus humanum extitit.* Herodot. lib. 2.

même

même opinion de leur Nation. Enfin nous pouvons dire que la plûpart des Peuples s'imaginant être indigenes, & n'en reconnoiffant point de plus anciens qu'eux, avoient encore la vanité de penfer, que tous les autres leur étoient poftérieurs, & que la terre les avoient produits plus tard.

Quoique les Grecs fuffent très-jaloux les uns des autres, & que les Athéniens en particulier s'attiraffent l'envie de tous les autres Peuples de la Grece, on ne leur a pourtant jamais contefté l'indigénat dont ils fe glorifioient fi fort. " Les habi-
" tans de l'Attique, dit Plutarque (*a*),
" ont été nommés Autochtones, c'eft-à-di-
" re, nés de la terre même où ils font,
" parce qu'on ne fe fouvient pas que ja-
" mais ils foient venus de quelque autre
" endroit s'établir dans le pays qu'ils ha-

(*a*) Plut. *De Exi.*

» bitent. » Ils ne sont pas étrangers, » ajoute Justin (a); mais le lieu de leur » demeure est en même tems celui de leur » origine. » Un des plus fameux Orateurs de l'ancienne Athenes a étendu cette pensée, & a relevé en ces termes la gloire de sa Nation. » Il est constant, dit-il (b), » que notre ville est très-célebre par tou- » te la terre. Mais nous sommes encore » moins recommandables par tout autre » endroit, que parce que nous habitons un

(a) *Soli (Athenienses) præterquàm incremento, etiam origine gloriantur. Quippe non advenæ, neque passim collecta populi colluvies originem urbi dedit : sed eodem innati solo, quod incolunt, & quæ illis sedes, eadem origo est.* Justin. lib. 2. cap. 6.

(b) *Constat enim nostram urbem & antiquissimam esse, & maximam, & apud omnes homines celeberrimam ... In hâc enim terrâ sic habitamus, ut nec alios pepulerimus, nec vacuam occupaverimus, nec ex multis gentibus permisti, sed adeò honestè liberaliterque nati sumus, (nam indigenæ sumus) ut quæ nos produxit, eam perpetuò tenuerimus. Solis enim nobis ex omnibus Græcis eamdem & nutricem, & patriam, & matrem vocare datum est.* Isocrat. in P..neg.

« pays dans lequel nous ne sommes point
» venus comme étrangers, pour en chaf-
» ser ceux qui l'occupoient, ou pour lui
» donner des habitans. Nous ne sommes
» point une nation formée de l'assembla-
» ge de plusieurs peuples réunis (*a*) : cet-
» te terre nous a produits ; & comme
» nous sommes ses premiers enfans, nous
» ne l'avons jamais abandonnée. De tous
» les Grecs, c'est donc à nous seuls qu'il
» appartient d'appeller la Grece notre pa-
» trie, notre mere, notre nourrice. »

Quoiqu'en dise Isocrate, les Athéniens n'étoient pas les seuls entre les Grecs, qui s'attribuassent l'indigénat. Les Arcadiens & les Achéens, deux des sept Nations du Péloponese, s'en glorifioient aussi. Pausanias qui a écrit l'histoire particuliere de la Grece, le leur attribue comme une prérogative non contestée (*b*) ; & Héro-

(*a*) Voyez la fin de ce Chapitre, N. (*).
(*b*) Pausan. *Eliac. lib. 5. cap. 1.*

dote l'avoit fait avant lui (*a*). Les Cydoniens dans l'Isle de Crete & les Etéocretes étoient indigenes du pays, comme Strabon & Diodore nous l'apprennent (*b*). Les Pélasgiens y passerent depuis, & ensuite les Doriens, que Minos réunit sous un même gouvernement. Les amours d'Apollon & de Rhodes étoient regardées comme une allégorie, selon Diodore (*c*), & ne signifioient autre chose, sinon que par sa chaleur le Soleil avoit rendu fé-

(*a*) Herodot. lib. 1.
(*b*) Τὺς μὲν ὂν Ἐτεοκρῆτας κ̀ τὺς Κυδῶνας αὐτόχθονας ὑπάρξαι εἰκός. Strab. lib. 10. & Diodot. lib. 5. *Qui primò Cretam inhabitarunt, antiquissimi dicuntur. Eteocretas indigetes fuisse.*
(*c*) *Sol, secundum fabulas, Rhodiæ amore captus, insulam, à quâ amata, Rhodum ab eâ dixit. Verùm id constat, cùm à principiis insula referta paludibus admodùm humida esset, solis calore arefactos humores terram fertilem reddidisse, ab eâque genitos septem numero, qui dicti sunt Heliades. Cùm alii præterea indigetes populi insulam inhabitarent, existimatum est eam soli sacram esse.* Diodor. lib. 5.

conde l'Isle de Rhodes, & lui avoit fait produire des hommes. Cet Historien ajoute, qu'à cause de cette origine, les premiers Rhodiens qui n'étoient d'abord qu'au nombre de sept, furent appellés Héliades. Les Sicaniens passoient pour être indigenes dans la Sicile, comme Timée & Diodore l'assurent (*a*): les Siciliens y vinrent ensuite; & les Grecs s'y établirent après eux. Enfin nous verrons plus bas que les Ombriens, les Tyrrhéniens & plusieurs autres, étoient regardés comme des Peuples indigenes de l'Italie.

Que si dans des lieux si fréquentés des Anciens il se trouvoit tant de Peuples indigenes, c'est-à-dire, occupant de toute

(*a*) *Fabulantur poëtarum quidam, post Plutonis & Proserpinæ nuptias hanc insulam (Siciliam) ab Jove Anacalytræ Nymphæ traditam; Sicanos autem, qui in eâ antiquitus habitarunt, indigetes esse, præcipui Scriptores tradunt. Philiscus Sicanos ex Iberiâ in Siciliam venisse affirmat; cujus inscientiam arguens Timæus, Sicanos ait Siciliæ indigetes esse, multa eorum antiquitatis argumenta referens.* Diodor. *ubi suprà.*

antiquité les pays qu'ils habitoient, & se regardant comme des hommes que la terre y avoit produits; il n'est pas étonnant que dans des régions moins connues, des habitans barbares, & sans aucun commerce avec leurs voisins, eussent la même opinion d'eux-mêmes. Ni Bacchus, ni Hercule, ni aucun de ces fameux Conquérans qui couroient autrefois toute la Terre, n'avoit passé dans la grande-Bretagne. Cette Isle étoit cependant habitée; & à la réserve de la côte voisine des Gaules, où les Belges avoient envoyé quelques colonies, le reste du pays étoit peuplé d'indigènes (*a*). Aussi César nous assure-t'il (*b*) que c'étoit une ancienne tradition, qu'ils avoient été en-

(*a*) Avant que les Belges y eussent envoyé des colonies, les Celtes cherchant à s'étendre de proche en proche, y étoient sans doute passés de la Gaule, & l'avoient peuplée. Voilà les Indigènes dont il s'agit. V. Rapin Toyras, *Hist. d'Angl.*

(*b*) *Britannia pars interior ab iis incolitur,*

gendrés dans leur Isle même. Les Germains avec lesquels on n'avoit pas plus de commerce qu'avec les Bretons, soutenoient aussi que leurs ancêtres avoient été produits de la terre; & Tacite marque, qu'ils conservoient la mémoire de cette origine dans des vers anciens, qu'ils récitoient dans leurs cérémonies. Après cela cet Historien ajoute (*a*), que l'extrême différence qui se trouve entre les Germains & les autres Peuples, soit pour la figure, soit pour les coutumes, est une preuve de leur tradition. Les Gaulois disoient la même chose. Ils assuroient que

quos natos in insulâ ipsâ memoriâ proditum dicunt. Cæs. de Bel. Gal. lib. 5.

(*a*) Ipsos Germanos indigenas crediderim, minimèque aliarum gentium adventibus & hospitiis mistos. Celebrant carminibus antiquis, quod unum apud illos memoriæ & annalium genus est, Tuistonem Deum terrâ editum. Tacite. De mor. Germ. cap. 2. & cap. 4. Ipse illorum opinionibus accedo, qui Germaniæ populos nullis aliis aliarum nationum connubiis infectos, propriam & sinceram, & tantùm sui similem gentem extitisse arbitrantur.

O iiij

Pluton, qui comme on le sçait, est le Dieu des entrailles de la terre, étoit l'auteur de leur origine : c'est pourquoi, dit Céfar (*a*), ils comptent la durée du tems par le nombre des nuits, & non pas par celui des jours.

Cette opinion constante d'un si grand nombre de Peuples, qui assuroient tous que la terre les avoit produits dans leur propre pays, répugne évidemment à la raison. Car comment concevoir que des hommes, des chevaux & des éléphans soient autrefois sortis de terre comme des champignons (*b*) ? Mais il n'est pas ici question d'examiner, si ce sentiment est absurde ou raisonnable (*c*) : il nous

Undè habitus quoque corporum, quanquàm in tanto hominum numero, idem omnibus.

(*a*) *Galli se omnes ab Dite patre prognatos prædicant... Ob eam causam spatia omnis temporis, non numero dierum, sed noctium finiunt.* Cæs. de Bel. Gal. lib. 5.

(*b*) Le fait seroit en effet fort singulier, s'il étoit vrai.

(*c*) Au contraire c'est ce qu'il auroit fallu

suffit d'avoir prouvé par l'autorité de l'Histoire, que tous les anciens Peuples ont soutenu qu'ils avoient été produits dans les pays mêmes qu'ils habitoient, sans croire qu'ils fussent descendus ni d'Adam, ni de Noë, dont ils n'avoient même jamais eu la moindre notion; & que les Bretons, les Germains, les Gaulois, les Athéniens, les Egyptiens, les Indiens, les Chinois & tous les autres peuples des contrées même anciennement connues, ont eu à ce sujet des opinions toutes opposés à celles qu'ils devoient naturellement avoir.

On dira sans doute, que sur le fait en question il ne s'agit pas de s'en rap-

bien examiner. Car à quoi bon faire tant d'étalage des Bretons, des Germains & de tant d'autres ? Si le fait est absurde, que tous les Peuples de l'Univers ayent eu la sottise de concourir à s'en persuader, que nous importe, & qu'est-ce que cela prouve ? Ils ont bien crû d'autres absurdités. *Voyez* la fin de ce Chapitre, N. (*).

porter absolument aux traditions & aux opinions des Peuples, qui peuvent s'être trompés sur leur propre origine; qu'il vaut beaucoup mieux en juger par ce que l'Histoire nous apprend touchant les anciennes colonies; & qu'elle ne nous permet pas de douter, que le Monde ne se soit peuplé successivement, & peu à peu. On croit, par exemple, que les Egyptiens & les Phéniciens ont peuplé la Grece; que les Grecs & les Lydiens ont peuplé l'Italie; que les Phéniciens & les Celtes ont peuplé l'Espagne, & ainsi des autres pays. Examinons donc ce qui nous reste de l'Antiquité sur ces colonies: faisons voir que, selon les Historiens anciens, tous les pays où elles ont été envoyées, étoient habités avant leur arrivée: montrons que les colonies anciennes ne différoient en aucune maniere de celles que les Européens envoient aujourd'hui dans le nouveau Monde; & prouvons par là d'une maniere évidente, qu'à ne consulter que l'Histoire, il est absolument impossible de remonter à ces premiers tems, où la terre a commencé d'être peuplée; & que par conséquent tout ce qu'on dit sur ce sujet au delà d'un certain point, n'est que fable & conjecture frivole (*a*).

Comme la Grece & l'Italie sont les deux pays, dont les Anciens ont écrit l'histoire avec le plus d'exactitude, il nous sera aisé d'entrer dans le détail des différens Peuples qui les ont habités. Après cela nous parlerons des autres d'une maniere plus générale, à proportion des lumieres que l'Antiquité nous fournit à ce sujet.

L'Histoire ne fait mention d'aucune colonie qui soit passée dans la Grece avant

---

(*a*) Cela est hardi, & beau à prouver. Mais l'Auteur le prouvera-t'il aussi évidemment qu'il le dit? *Voyez* la fin de ce Chapitre, N. (*).

celles que Danaus & Cadmus y conduisirent à peu près dans le même tems, l'un d'Egypte, l'autre de Phénicie. Pélops & les Phrygiens n'entrerent dans le Péloponese, que long-tems après que Danaus s'étoit établi à Argos, dont il ne s'étoit lui-même emparé, qu'après en avoir chassé Gélanor qui y régnoit dès lors, ainsi que Pausanias nous l'apprend (*a*). Danaus se rendit illustre, au rapport de Strabon (*b*); & les habitans d'Argos qu'on appelloit avant lui Pélasgiens, furent appellés de son nom Danaens (*c*).

(*a*) Δαναὸς δ' ἀπ' Αἰγύπτυ πλεύσας ἐπὶ Γελάνορα τὸν Σθενέλα, τὰς ἀπογόνας τὰς Ἀγήνορος Βασιλείας ἔπαυσεν. Pausan. Corinth. lib. 2. cap. 16.
(*b*) Strab. lib. 8.
(*c*.) *Arcem Argivorum condidisse perhibetur Danaus, qui tantum præstitisse iis, qui ante ipsum istis in locis principatum gesserant, videtur, ut, quod est apud Euripidem,*

Pelasgiotas nuncupatos anteà
Danaos vocari lege latâ jusserit.

On voit déja que Danaus ne paſſa point dans le Péloponeſe pour le peupler, mais plutôt qu'il y entra en uſurpateur, pour s'emparer d'un pays habité, dont les Rois faiſoient remonter leur origine juſqu'à Inachus, qui avoit précedé le déluge d'Ogyges ; c'eſt-à-dire juſqu'aux tems fabuleux. Pélops arriva dans le même pays environ deux cens ans aprés, & lui donna ſon nom. Il eſt inutile de parler des Doriens & des autres qui s'y rendirent dans la ſuite : il ſuffit d'obſerver, qu'avant toutes ces révolutions les Arcadiens occupoient le milieu du pays, & les Athéniens la partie ſeptentrionale. Ces deux Nations paſſoient pour être indigenes du Péloponeſe, & pour l'avoir habité de tout tems.

Cadmus ne trouva pas la Béotie où il aborda, moins peuplée que l'étoit le Péloponeſe à l'arrivée de Danaus. Strabon & Pauſanius parlent des Hyantes &

des Aoniens, peuples indigenes de la Grece, qui habitoient alors la ville de Thebes (*a*). Cadmus les vainquit, & convint ensuite avec eux qu'ils ne feroient plus qu'un peuple avec ses Phéniciens, après quoi il bâtit la Cadmée. Au reste les Hyantes & les Aoniens n'étoient pas les premiers fondateurs de Thebes. Cette ville avoit été habitée auparavant par les Hectenes, autre Nation indigene du pays, qui périt toute entiere par une maladie contagieuse (*b*). Thebes s'appelloit alors Gygée, du nom d'un de ses Rois. Elle passoit pour la plus ancienne de toutes les villes de la Grece, & pour avoir été bâtie par Ogyges (*c*), c'est-à-

(*a*) *Bœotiam initio Barbari tenuerunt, Aones & Temmices ex Sunnio evagati, & Lelegæ ac Hyantes. Deindè cum Cadmo à Phœniciâ profecti Phœnices occuparunt.* Strab. lib. 9. V. Pausan. Bœotic. lib. 9. cap. 5.

(*b*) Pausan. Achaïc. lib. 7 cap. 2.

(*c*) *Etenim vetustissimum oppidum cùm sit traditum Græcum Bœotiæ Thebæ, quod rex Ogyges ædificavit.* Varro, de Re rust. lib. 3. cap. 1.

dire, deux mille ans avant Jules-César, selon le calcul de Varron.

Les Grecs qui avoient reçu parmi eux les Egyptiens & les Phéniciens, se rendirent eux-mêmes célebres dans la suite par le grand nombre de colonies, qu'ils envoyerent en différentes contrées de la Terre. Mais on doit observer, que toutes ces colonies trouverent les lieux où elles aborderent aussi peuplés, que ceux qu'elles venoient de quitter, avec cette différence seule, qu'ils étoient habités par des hommes plus grossiers & moins polis.

Les plus fameuses colonies Grecques sont celles qui passerent dans l'Asie mineure & en Italie. Pour ce qui est de l'Asie, quelques-uns ont prétendu dans ces derniers tems, que les Grecs étoient au contraire passés de cette partie du Monde en Europe; mais ce fait est contredit par tous les Anciens. Strabon parle fort au long d'Androclus & des autres enfans de Codrus Roi d'Athenes, qui les premiers de tous les Grecs passerent en Asie, & y bâtirent Ephese, Milet & les autres villes d'Ionie (*a*); après quoi les Phocéens allerent aussi s'y établir. Pausanias dit la même chose (*b*). Les Cariens & les Léleges occupoient alors les pays dont les Grecs s'emparerent; & il fallut les en chasser, comme Strabon l'assure positivement. L'Ionie n'étoit donc pas vuide, quand les Grecs s'y établirent.

Les Eteocretes & les Cydoniens habitoient l'Isle de Crete, comme nous l'avons dit, & ils étoient regardés comme Peuples indigenes, lorsque les Doriens &

(*a*) *Fines oræ Joniæ ... De hâc ... Pherecydes scribit, Cares quondam tenuisse; reliquam, usque ad Phocæam, Chium, & Samum, oram Leleges: utrosque ab Jonibus ejectos. Ducem coloniæ Jonum uit fuisse Androclum, Codri Atheniensium Regis filium legitimum, qui Ephesum condiderit.* Strab. lib. 14.

(*b*) Pausan. Achaïc. lib. 7 cap. 2.

les Pélagiens passerent de la Grece dans ce pays. Les Corinthiens n'aborderent en Sicile, qu'après que les Siciliens y furent venus d'Italie; & quand les Arcadiens passerent en Italie, les Pélasgiens y étoient déja établis, & y avoient trouvé eux-mêmes plusieurs autres Peuples. Il en est de même de tous les autres pays, où les Grecs envoyerent des colonies: ces contrées étoient occupées par des Barbares, qu'il falloit gagner par la douceur ou soumettre par la force, avant que de s'y établir. C'est ainsi qu'en userent Miltiades & Cimon son fils, quand ils conduisirent l'un après l'autre des colonies d'Athenes dans la Thrace (*a*).

(*a*) *Pervenit Chersonesum* (Miltiades.) *Ibi brevi tempore Barbarorum copiis dejectis, totâ regione, quam petierat, potitus, loca castellis idonea communivit.* Cornel. Nep. *in Miltiad.* & *in Cim. Primùm imperator apud flumen Strymona, magnas Thracum copias fugavit; oppidum Amphipolim constituit, eòque decem millia Atheniensium in coloniam misit.*

Voyons présentement ce qui regarde l'Italie: Denis d'Halicarnasse qui a écrit l'Histoire Romaine avec tant de soin, sera l'Auteur qui nous guidera. » Les Si-
» cules, dit-il (*a*), Nation barbare, sont
» ceux qui les premiers ont habité le pays
» où Rome est bâtie. Les Aborigenes les
» en chasserent ensuite à l'aide des Pélas-
» giens & de quelques autres Grecs, &
» y ont toujours demeuré depuis jusqu'au
» tems de Romulus. » Voilà déja une Nation indigène, que cet Historien reconnoît en Italie, c'est-à-dire, les Sicules: elle ne sera pas la seule. » Les Aborige-
» nes, continue-t'il (*b*), sont ainsi nom-
» més, selon quelques-uns, parce qu'ils ont
» donné l'origine aux autres Peuples d'I-
» talie, ou, selon d'autres, parce qu'étant
» une troupe d'hommes errans & sans de-
» meure fixe, ils s'établirent en ce pays;

(*a*) Dion. Halyc. *Antiq. Rom lib.* 1. *cap.* 8.
(*b*) Dion. Hal. *ubi suprà.*

» felon quelques autres enfin, parce qu'ils » habitoient les montagnes. » Caton & Sempronius ont écrit, qu'ils étoient Grecs d'origine, d'où pourroit venir leur nom d'Aborigènes, comme qui diroit, originairement de Grece, en fous-entendant ce dernier mot. Mais ils ne le prouvoient, au rapport de Denis d'Halicarnasse, par le témoignage d'aucun Auteur ancien. Cependant, ajoute-t'il, il faut suspendre son jugement, & ne point conclure que les Aborigenes soient des Peuples barbares, comme les Liguriens & les Ombriens.

Si cet Historien qui auroit souhaité sans doute pouvoir donner une origine Grecque aux Romains, n'a pas osé dire que les Aborigenes dont ils descendoient, fussent des Peuples Barbares, au moins ne peut-on douter, qu'il n'ait reconnu les Liguriens & les Ombriens pour des naturels d'Italie. Zénodote qui a écrit l'histoire de ces derniers, assure (*a*) qu'ils sont indigènes; qu'ils habitèrent d'abord à Reate, & qu'en ayant été chassés ensuite par les Pélasgiens, ils se réfugièrent dans le pays quils occupoient de son tems, & prirent le nom de Sabins. Pline dit positivement, que cette Nation passoit pour la plus ancienne d'Italie (*b*).

Les Arcadiens sont les premiers de tons les Grecs qui ayent passé en Italie: les Pélasgiens & les Crétois s'y rendirent depuis. Oenotrus, fils de Lycaon, y conduisit une colonie dix sept-cens ans avant la guerre de Troyes. Cet Oenotrus aborda à la côte occidentale de l'Italie, qui

(*a*) *Zenodotus Træzenius, qui Umbricæ gentis historiam conscripsit, narrat indigenas primùm in Reatino habitasse, & indè Pelasgorum armis expulsos, venisse in terram, quam nunc habitant; mutatoque cum sedibus nomine, Sabinos pro Umbris appellatos.* Dion. Hal. lib. 2. cap. 84.

(*b*) *Umbrorum gens antiquissima Italiæ existimatur, ut quos Ombrios à Græcis putent dictos quòd inundatione terrarum imbribus superfuissent.* Plin. Hist. lib. 3. cap. 19.

s'appelloit alors Ausonie, à cause des Ausoniens qui l'habitoient, ainsi que Denis d'Halicarnasse le marque expressément. Il s'empara de plusieurs terres propres au labourage & aux paturages, après les avoir en partie purgées des barbares, & y bâtit ensuite de petites villes. Les Arcadiens s'emparerent de leur côté, non-seulement de plusieurs terres incultes ou mal cultivées; ils se saisirent aussi de celles qui l'étoient mieux, & qu'occupoient les Ombriens. Tout ce récit prouve clairement, que l'Italie étoit déja habitée, avant que la plus ancienne colonie dont l'Histoire fasse mention, fut allée s'y établir.

Nous ne dirons rien ici d'Evandre, qui aborda dans le *Latium* sous le regne de Latinus, environ vers le tems de la guerre de Troyes; ni de Saturne, qui y étoit passé déja au-paravant du tems de Janus. Il est évident qu'un pays qui avoit des Rois avant leur arrivée, devoit

P iij

être peuplé. Mais les colonies de Lydiens que Tyrrhenus y conduisit, au rapport d'Hérodote (*a*), méritent d'être examinées. Denis d'Halicarnasse soutient d'abord que c'est une fable. » Xanthus, dit-il » (*b*), qui étoit Lydien, & qui a écrit » avec soin l'histoire de sa Nation, ne » fait aucune mention de ce Tyrrhenus, » & ne dit pas même que jamais Lydien » soit passé en Italie, quoiqu'il rapporte » des faits moins importans. « Notre Historien ajoute, que les Thyrrhéniens ne sont point Lydiens d'origine, parce qu'il n'y a aucun rapport entre la langue, la Religion & les coutumes de ces deux Peuples, & conclut que ceux qui font cette Nation indigene, peuvent bien avoir raison, puisqu'elle est très-ancienne dans son pays, & qu'elle ne convient avec aucune autre, soit pour la Langue, soit pour

(*a*) Hérodot. *lib.* II.
(*b*) Dion. Hal. *lib.* I. cap. 8.

les usages. Concluons de-là que les Tyrrhéniens, les Ausoniens, les Liguriens, les Sicules, les Ombriens & les Aborigenes sont des Peuples, dont il n'est pas possible de découvrir l'origine.

Les colonies qui fondérent Carthage en Afrique, Cadix en Espagne, & Marseille dans les Gaules, sont très célebres dans l'Antiquité : or les pays où ces villes furent bâties, étoient habités longtems avant l'arrivée de leurs fondateurs. On sçait la ruse dont la Reine de Carthage se servit (*a*) pour tromper les habitans du lieu, qui ne lui avoient cédé qu'autant de terrain qu'en pourroit couvrir un cuir de bœuf. Les Phénisiens furent obligés d'employer la force, pour

___
(*a*) *Elissa delata in Africæ sinum, incolas loci ejus, adventu peregrinorum mutuarumque rerum commercio gaudentes, in amicitiam sollicitat : deindè empto loco, qui corio bovis tegi posset, caritum in tenuissimas partes secari jubet, atque ita majus loci spatium, quam petierat, occupat.* Justin. lib. 18. cap. 5.

s'établir & se maintenir en Espagne. Justin nous apprend (*a*) que les Iberes faisant la guerre à leurs nouveaux hôtes, les Carthaginois les secoururent, ce qui donna lieu à ceux-ci de mettre le pied dans ce pays, où ils se rendirent depuis très-puissans. Protis, un des chefs de la colonie qui peupla Marseille, s'acquit au contraire la bienveillance des Gaulois, en épousant la fille d'un de leurs Rois (*b*); & les Grecs enseignerent ensuite aux habitans des Gaules, qui étoient en-

---

(*a*) *Cùm Gaditani à Tyro sacra Herculis, per quietem jussi, in Hispaniam transtulissent, ibique urbem condidissent, invidentibus incrementis novæ urbis finitimis Hispaniæ populis, ac propiereà Gaditanos bello lacessentibus, auxilium consanguineis Carthaginienses misère. Ibi felici expeditione, & Gaditanos ab injuriâ vindicarunt, & majorem partem provinciæ imperio suo adjecerunt.* Idem lib. 44. cap. 35.

(*b*) *Phocensium juventus... Massiliam inter Ligures & feras gentes Gallorum condidit... Duces classis Simos & Protis fuêre. Itaque regem Segobrigiorum, Nannum nomine, amicitiam petentes conveniunt. Forte eo die rex occupatus in apparatu nuptiarum Gyptis filiæ erat, &c.* Idem.

-core alors très barbares, une maniere de vivre plus humaine & plus raisonnable.

Les secours que l'Histoire fournit ne sont pas suffisans pour nous faire remonter jusqu'à l'origine des premiers habitans de la Terre : les tems fabuleux ne nous conduisent pas même si loin. Nous n'avons rien de plus ancien dans la Fable & dans l'Histoire, que les expéditions de Bacchus, d'Hercule, d'Osiris, de Sésostris. Mais peut-on imaginer, que ces premiers Conquérans ayent parcouru tout l'Univers par le seul plaisir de se faire suivre par des armées dans des deserts immenses ? Comment ces armées pouvoient-elles subsister, si les terres étoient incultes (a). ? Tous les pays qu'ils traverserent, étoient donc incontestablement habités. Aussi l'Antiquité nous représente-

lib. 4. cap. 3. & cap. 4. *Ab his igitur Galli, & usum vitæ cultioris ... & agrorum cultus, & urbes cingere didicerunt*:

(b) Voyez la fin de ce Chapitre, N. (*).

t'elle ces premiers Héros comme animés du noble désir de la gloire, & touchés en même tems du malheur des hommes ensévelis alors pour la plûpart dans une extrême barbarie, dont ils vouloient les retirer. C'est dans cette vûe qu'ils laissoient des colonies en différens endroits de la Terre, autant pour le bien particulier des Peuples qu'ils avoient soumis, que pour assurer leurs conquêtes.

L'utilité qui porte aujourd'hui si facilement les hommes à abandonner le lieu de leur naissance, étoit encore plus capable de les y engager dans ces premiers tems, où ils ignoroient l'art de se rendre heureux chez eux; dans ces tems grossiers, où un Prométhée passoit pour avoir dérobé le feu du ciel, parce qu'il avoit trouvé le secret de tirer le feu des cailloux ; où l'on regardoit un Aristée comme un Dieu, parce qu'il avoit inventé l'art de faire du beure avec le lait, &

de tirer l'huile des graines ou des olives. Les hommes vivant alors de ce que la terre produisoit d'elle-même, ignoroient encore l'art de la défricher & de la rendre plus fertile. C'est sans doute pour cette raison, que nous voyons dans l'Antiquité tant de Nations errantes sur la Terre, tant de pays subjugués par ces Peuples barbares, que leur propre climat ne pouvoit plus nourrir. Ces faits se trouvent répétés dans des tems mêmes très-peu éloignés de ceux-ci, où l'on voit encore plusieurs de ces Nations vagabondes, toujours prêtes comme les anciennes à faire des incursions chez leurs voisins.

Si on ne peut fixer le tems auquel les hommes ont commencé d'habiter la Terre, au moins paroît-il par tout ce que nous venons de dire, qu'ils y sont extrêmement anciens. Pour le prouver, nous n'avons pas besoin de recourir à l'antiquité prodigieuse que les Egyptiens & les Chaldéens donnoient aux hommes dans leurs annales. Ceux-là avoient l'Histoire chronologique de leurs Rois depuis onze mille trois cens quarante ans, selon Hérodote (*a*), & depuis quinze mille ans, selon Diodore (*b*); sans compter le regne des Dieux & des Héros qui en avoit duré dix-huit mille. Nous avons parlé ailleurs (*c*) des Chaldéens, & de l'extrême antiquité qu'ils donnoient à leurs observations astronomiques. Strabon rapporte des habitans de la Bérique en Es-

---

(*a*) *Ad hunc usque narrationis locum, & Ægyptii, & sacerdotes referebant, demostrantes à primo rege ad Vulcani sacerdotem hunc (Sethon) qui postremus regnavit, progenies hominum fuisse trecentas quadraginta unam: trecentæ autem progenies, decem millia annorum valent; una & quadraginta, quæ reliquæ sunt ultra trecentas, sunt, anni mille trecenti quadraginta.* Herodot. lib. 2.

(*b*) *Eorum nonnulli fabulantur, Deos primùm & Heroas in Ægypto paulò minùs 18000 regnasse annos ... homines verò paulò minùs annorum 15064.* Diodor. lib. 2.

(*a*) Voyez le Chap. 1. pag. 10. & 11. N. (*a*).

pagne, (*a*) qu'ils étoient fort adonnés aux Lettres, & qu'ils conservoient les annales de ce qui s'étoit passé chez eux depuis six mille ans. Les Indiens, comme nous l'avons dit (*b*), comptoient de même six mille ans depuis Bacchus jusqu'à Alexandre. J'avoue qu'on a raison de ne pas ajouter foi à ces témoignages. Mais en les réunissant avec ce que nous apprenons des annales des Chinois, il paroîtroit du moins que le Monde auroit été habité plusieurs milliers d'années au-dessus du tems que Moïse a fixé pour son commencement (*c*).

Le nombre prodigieux d'habitans que contenoient certains pays dans les tems les plus reculés, semble prouver encore incontestablement, que les hommes sont

(*a*) *Hi omnium Hispanorum doctissimi judicantur, & antiquitatis monumenta habent conscripta, ac poëmata, & metris inclusas leges à six millibus, ut aiunt, annorum* Strab. lib. 3.
(*b*) Voyez pag. 106 & 107. N. (*d*).
(*c*) Voyez plus bas, ... (*)

plus anciens sur la Terre qu'on ne le croit communément sur le témoignage de la Genèse (*a*). Tous les Anciens conviennent que Ninus est le premier Conquérant dont il soit parlé dans l'Histoire. Or on sçait que ce Roi d'Assyrie fit la guerre aux Bactriens avec deux millions de soldats (*b*), & que Sémiramis sa femme fit marcher une armée de quatre millions d'hommes contre les Indiens, qui de leur côté lui en opposerent une encore plus nombreuse. On ne peut rejetter ces faits sans démentir toute l'Antiquité, qui ne parle que de la grandeur immense des villes de Ninive & de Babylone, dont la première contenoit, au

(*a*) Voyez plus bas, N. (*).
(*b*) *Tradit Ctesias, scriptos pedites ad* 1700000. *fuisse, equitum* 200000. *currus verò falcatos paulò minùs* 10600. Diodor. lib. 3. Et plus bas il ajoûte au sujet de Semiramis: *Fuit hominum numerus, ut Ctesias tradit,* 3000000. *equitum* 500000. *currus* 100000.

rapport du Prophete Jonas (*a*), plus de six vingt mille enfans qui n'étoient pas encore dans un âge à pouvoir distinguer leur main droite d'avec la gauche.

Dans le même tems l'Egypte n'étoit pas moins peuplée. La seule ville de Diospolis, appellée communément par les Grecs Thebes la grande, devoit contenir plus de quatre millions d'habitans. (*b*) Germanicus parcourant l'Egypte, vit dans les ruines de cette ancienne ville des inscriptions en caractères Egyptiens, qui marquoient qu'elle avoit contenu autrefois dans ses murs sept cens mille hommes en âge de porter les armes. Je ne

---

(*a*) *Et ego non parcam Ninivæ civitati magnæ, in qua sunt plusquàm viginti millia hominum, qui nesciunt quid sit inter dexteram & sinistram suam.* Jon. cap. 4. vers. 11.

(*b*) *Mox visit veterum Thebarum magna vestigia. Et manebant structis molibus litteræ Ægyptiæ priorem opulentiam complexæ; jussusque è senioribus Sacerdotum patrium sermonem interpretari, referebat habitasse quondàm septingenta millia ætate militari.* Tacit. Annal. cap. 60.

parle point d'Homere, qui, peut-être par une exagération poëtique, a dit qu'elle avoit cent portes, de chacune desquelles pouvoient sortir à la fois dix mille hommes armés (*a*). Or je demande, s'il est possible que dans des tems qui auroient suivi de si près un déluge universel, la Terre se soit trouvée si prodigieusement peuplée, surtuno l'Ecriture n'attribuant point aux premiers hommes une fécondité proportionnée à la durée étonnante de leur vie ? Car sans parler des autres Patriarches, Noë à l'âge de six cens ans n'avoit que trois enfans; & dans un âge déja avancé, ces trois enfans n'en avoient encore aucun. Il en est de même de tous ceux qui ont vêcu depuis, ausquels la Genese ne donne pas un plus grand nombre d'enfans, que les hommes n'en ont

(*a*) Αἳ δ᾽ ἑκατόμπυλοί εἰσι·διηκόσιοι δ᾽ ἂν ἑκάστην

Ἄνερες ἐξοιχνεῦσι σὺν ἵπποισιν ἢ ὀχεσφιν.
Homer. Iliad. lib. 9.

ordinairement

ordinairement de nos jours. (*) Concevons donc, que par l'autorité de l'Histoire, il n'est pas possible de remonter à ces premiers tems, où la Terre a commencé d'être habitée.

(*) J'ai renvoyé ici l'examen de quelques difficultés répandues dans ce Chapitre, parce que toutes semblent tendre au même but, je veux dire, à faire le Monde beaucoup plus ancien qu'on ne nous le donne à entendre dans la Genese. Il est vrai que s'il ne s'agissoit que de quelques siecles, ou même de quelques milliers d'années de plus, peut-être cela ne vaudroit-il pas la peine de faire un procès à ceux qui croyent pouvoir soutenir cette opinon : je crois avoir assez bien prouvé dans mon Essai Chronologique que nos Chronologistes ont tort de s'entêter sur cet article. Mais le dessein de l'Auteur dans ce Chapitre, & même dans tout ce Traité, n'est pas si caché, qu'on ne puisse s'appercevoir que son véritable but est de montrer que le Monde est éternel, & que les hommes sont de toute éternité sur la terre. D'excellentes plumes ont démontré suffisamment l'absurdité de cette these; ensorte qu'il ne me reste ici qu'à répondre aux difficultés que l'Auteur a formées pour tâcher d'étayer ce faux sistême. Elles se réduisent à peu près à ce raisonnement.

Les Colonies les plus anciennes don l'Histoire fasse mention, ont trouvé, dit-on, des Habitans dans tous les pays, où elles ont été s'é-

Q

tablir ; & ces pays étoient extrêmement peuplés, même dans des tems fort voisins du Déluge. On ajoûte, que les principales Nations de la terre ont crû qu'elles étoient nées dans leur propre pays ; qu'elles n'y étoient point venues d'ailleurs ; & qu'elles n'ont eu aucun souvenir d'être descendues d'Adam & de Noë, dont elles n'avoient nulle connoissance. Or, continue-t'on, s'il étoit vrai de dire que les Descendans de Noë eussent peuplé toute la terre, seroit-il possible qu'en si peu d'années ces différens pays eussent pû être habités, & contenir un nombre d'Habitans si considérable ? On joint à cela l'antiquité des annales des Ægyptiens, des Chaldéens & des Chinois ; & de là on conclud, que les hommes sont beaucoup plus anciens sur la terre, que l'Ecriture ne nous l'apprend. Cet argument est spécieux sans doute ; il a d'abord une apparence de solidité capable de faire illusion aux esprits prévenus ou peu éclairés : cependant il est très-aisé de le détruire.

Je crois qu'il est assez inutile que je m'amuse à répondre à ce qu'on objecte de ces Nations prétendues indigenes, qui se croyoient nées dans le Pays même qu'elles habitoient. Faire sortir des hommes de la terre comme des asperges & des champignons, est une absurdité qui ne tombe pas dans l'esprit d'un homme de bon sens, & ne mérite pas d'être refutée. Si les Egyptiens, les Indiens, les Atheniens & tant d'autres ont été assez fous, pour donner dans une pareille extravagance, doit-on en être surpris ? Ils en avoient adopté tant d'autres. On sait d'ailleurs quelle étoit la vanité des anciens

Peuples : chacun cherchoit à faire valoir son antiquité ; & tous, comme le remarque Tite-Live, tâchoient d'illustrer leur origine par des merveilles & par des prodiges. Ajoutez que les Historiens qui rapportent ces anciennes traditions, sont les premiers à nous apprendre combien on doit peu y ajouter foi, lorsqu'ils se servent si souvent de ces expressions, *on dit*, *on croit*, *je serois volontiers porté à croire*, &c. Diodore lui-même les traite presque par tout de chimeres & de fables, comme on peut le voir dans les passages qu'on en a cités. Enfin on doit observer d'après tous les Grammairiens, que les Anciens appelloient ordinairement fils de la Terre tous ceux dont l'origine étoit inconnue : d'où il résulte, que cette expression peut bien marquer une grande antiquité ; mais qu'on auroit tort de vouloir la prendre à la lettre.

A l'égard des anciennes colonies, quoique notre Auteur n'ait pas fait l'honneur à Moïse de le compter au nombre des Historiens, il est cependant certain, qu'on ne peut s'empêcher de le regarder au moins comme un Ecrivain ordinaire, tel qu'Hérodote, Diodore, Justin & les autres ; & considéré seulement sous ce point de vûe, il est incontestablement beaucoup plus ancien, que tous les Historiens qui nous restent. Or de là il s'ensuit, que si les Historiens profanes n'ont point connu de colonies plus anciennes que celles dont il est parlé dans Strabon, dans Justin, dans Diodore & quelques autres, c'est qu'ils n'ont pû remonter comme Moïse jusqu'à ces premieres colonies composées des premiers Descendans de Noé, qui peuplerent tous ces différens pays, que celles qui vinrent enfuite trouverent déja habités. Du reste il est démontré, que cent cinquante ans feulement après le Déluge, l'Europe, l'Afie & l'Afrique ont pû contenir 432½ millions d'hommes. Dès-là tout ce qu'on raconte des expéditions d'Ofiris, de Bacchus, d'Hercule, de Séfoftris, ce que les Hiftoriens rapportent de la grandeur de ces fameufes Villes anciennes, Thebes, Ninive & Babylone, & du nombre prodigieux de leurs habitans, n'a plus rien qui arrête ni qui doive furprendre. Je ne parle point de la chronologie des Egyptiens, des Chaldéens & des Chinois: fon antiquité ne peut fe foutenir que par tant d'obfcurités & par tant de fables, que dans la comparaifon tout homme de bon fens lui préférera toujours celle de Moyfe.

F I N.

www.ingramcontent.com/pod-product-compliance
Lightning Source LLC
Chambersburg PA
CBHW070642170426
43200CB00010B/2099